# 농사직설

農事直說

# 농사직설

農事直說

## 풍토가 다르면 농법도 다르다

정초 · 변효문 저 | 이병희 여해

규장각
새로 읽는
우리 고전

017

아카넷

# '규장각 고전 총서' 발간에 부쳐

고전은 과거의 텍스트이지만 현재에도 의미 있게 읽힐 수 있는 것을 이른다. 고전이라 하면 사서삼경과 같은 경서, 사기나 한서와 같은 역사서, 노자나 장자, 한비자와 같은 제자서를 떠올린다. 이들은 중국의 고전인 동시에 동아시아의 고전으로 군림하여 수백 수천 년 동안 그 지위를 잃지 않았지만, 때로는 자신을 수양하는 바탕으로, 때로는 입신양명을 위한 과거 공부의 교재로, 때로는 동아시아를 관통하는 글쓰기의 전범으로, 시대와 사람에 따라 그 의미는 동일하지 않았다. 지금은 이들 고전이 주로 세상을 보는 눈을 밝게 하고 마음을 다스리는 방편으로서 읽히니 그 의미가 다시 달라졌다.

그러면 동아시아 공동의 고전이 아닌 우리의 고전은 어떤 것이고 그 가치는 무엇인가? 여기에 대한 답은 쉽지 않다. 중국 중심의 보편적 가치를 지향하던 전통 시대, 동아시아 공동의 고전이 아닌 조선의 고전이 따로 필요하지 않았기에 고전의 권위를 누릴 수 있었던 우리의 책은 많지 않다. 이 점에서 우리나라에서 고전은 절로 존재하였던 과거형이 아니라 새롭게 찾아 현재적 가치를 부여하면서 그 권위가 형성되는 진행형이라 하겠다.

서울대학교 규장각한국학연구원은 법고창신의 정신으로 고전을 연구하는 기관이다. 수많은 고서 더미에서 법고창신의 정신을 살릴 수 있는 텍스트를 찾아 현재적 가치를 부여함으로써 새로운 고전을 만들어가는 일을 하여야 한다. 그간 이러한 사명을 잊은 것은 아니지만, 기초적인 연구를 우선할 수밖에 없는 현실로 인하여 우리 고전의 가치를 찾아 새롭게 읽어주는 일을 그다지 많이 하지 못하였다. 이제 이 일을 더 미룰 수 없어 규장각한국학연구원에서는 그간 한국학술사 발전에 큰 기여를 한 대우재단의 도움을 받아 '규장각 새로 읽는 우리 고전 총서'를 기획하였다. 그 핵심은 이러하다.

현재적 의미가 있다 하더라도 고전은 여전히 과거의 글이다. 현재는 그 글이 만들어진 때와는 완전히 다른 세상이다. 더구나 대부분의 고전은 글 자체도 한문으로 되어 있다. 과거의 글을 현재에 읽힐 수 있도록 하자면 현대어로 번역하는 일은 기본이고, 더 나아가 그 글이 어떠한 의미가 있는지를 꼼꼼하고 친절하게 풀어주어야 한다. 우리 시대 지성인의 우리 고전에 대한 갈구를 이렇게 접근하고자 한다.

'규장각 새로 읽는 우리 고전 총서'는 단순한 텍스트의 번역을 넘어 깊이 있는 학술 번역으로 나아가고자 한다. 필자의 개인적 역량에다 학계의 연구 성과를 더하여, 텍스트의 번역과 동시에 해당 주제를 통관하는 하나의 학술사, 혹은 문화사를 지향할 것이다. 이를 통하여 우리의 고전이 동아시아의 고전, 혹은 세계의 고전으로 발돋움할 수 있기를 기대한다.


기획위원을 대표하여 이종묵이 쓰다.

# 차례

## 1. 농업의 중요성과 권농정책

대대로 농업은 민인의 삶에 직결되는 중요한 경제 기반이었다. 농민만이 아니라 사회의 모든 구성원의 생존은 농업 생산 여하에 달려 있었다. 인간이 살아가기 위해서는 먹는 것이 필수적이고, 그것은 대부분 농업 생산을 통해서 조달되었다. 그렇기 때문에 "먹는 것의 근본은 농업에 있다"라거나 "농업은 의식(衣食)의 근원이다"라고 표현했다.

농업은 민인의 생존에 직결되고 사회를 존속시키는 것일 뿐만 아니라 국가를 유지하는 재정 원천이었다. 국가는 농업 생산물을 부세로 징수함으로써 재정을 확보했다. 군수의 비용이라든가, 관리에 대한 녹봉의 지급, 기타 재원은 대부분 농업에서 공급하였다. 농업 생산이 뒷받침되지 않으면 국가 재정은 궁핍해지며 결국 국가의 존립이 위협받는 것이다. 아무리 견고한 방어 시설이 있고, 훌륭한 무기가 있다 한들 농지가 황폐해지고 창고가 비면 아무 소용이 없다는 지적이 나올 수 있었다.

농업을 개발해 그것의 생산성을 향상시키고자 하는 국가의 권농정책은 조선 초 매우 의욕적으로 전개되었다. 국가는 중앙에 전농시(典農寺)를 두고 적전(籍田)을 운영하면서 농업 생산에 모범을 보였다. 수전 농업의 발전을 위해 수리시설(水利施設)의 보급에도 노력했다. 농지의 개간을 적극 독려했다. 바닷가 진황지(버려져 거칠어진 땅)의 개간을 추진했고, 북방 지역의 농지 개간을 확대했다. 농업기술을 정리한 농서(農書)를 편찬해 영농기술을 향상시키는 것도 중요한 권농정책이었다. 신전(新田)의 개발이 활기를 띠고 있는 시점에서 황무지의 개간 방법, 토질 파악, 적합한 작물 선정과 그 재배법의 보급은 매우 중요했다. 무엇보다 북방 지역으로 선진 농법을 전파하는 것이 중요한 과제였다.

외국 농업에 대한 정보 수집도 권농을 위한 정책의 하나였다. 조선 전기 활발한 접촉과 교류로 유구국(琉球國)에 대한 많은 정보가 축적되었다. 유구국의 농업에 관해 기후 조건, 농작물의 종류, 벼농사 방법, 밭작물, 섬유작물, 채소, 유실수, 가축, 농기구 등 다양한 내용을 파악했다. 그 가운데 조선인의 관심이 집중된 것은 벼농사와 섬유작물, 채소, 유실수, 가축 등이었다. 외국 농업 사정에 대한 파악은 곧 국내 농업을 매우 중시하고 있다는 반영이었다.

## 2. 풍토의 차이와 농업 생산

농업 생산은 각 지역의 풍토(風土)를 전제로 이루어진다. 기후 조건과 토양이 영농에서 가장 중요한 고려사항이었다. 우리나라의 기상 조건은 대체로 농사에 무난한 편이다. 연간 강수량의 대부분이 6~8월에 편중해 있으며 봄철에는 적은 편이다. 3~5월의 작물 파종기에 강수량이 적은 것은 농사에 불리하지만, 6~8월에 비가 많이 내리는 것은 각종 농작물의 생육에 유리한 점이 된다. 벼농사에 한정해보면, 우리나라의 기상 조건은 대체로 알맞은 편이다. 여름철에 기온이 높고, 벼의 생육 기간 중에는 상당한 양의 비가 내리며, 일조 상태도 양호하다. 개화기와 성숙기인 9월부터 이듬해 봄까지는 건조하므로, 작물의 개화, 결실 등에는 좋은 결과를 가져온다. 또 연중 비 오는 날이 적고 일조량이 많은 것도 작물의 성숙 작용 촉진에 도움을 준다.

그러나 기후 변화가 심해서 기상 재해를 입기 쉬운 점은 농업에 불리하게 작용한다. 가을과 겨울철에는 저온으로 작물이 상해(霜害), 한해(寒害)와 동해(凍害) 등을 입기 쉽고, 여름철에는 홍수와 태풍의 피해를 받는 수가 많다. 기후의 지역 차도 매우 큰 편이다. 우리나라는 국토가 남북으로 길게 뻗어 남쪽의 도서 지방과 북쪽 산간지대 사이에는 기온 차가 심하며, 강수의 차이 또한 매우 크다. 따라서 재배하는 작물의 품종이 상이하며, 생장 시기에도 차이가 난다.

중국의 화북 지방과 우리나라의 기후 조건을 비교하면, 상당한 차이를 확인할 수 있다. 연 강수량이 베이징과 시안이 500~600mm이고,

평양과 서울이 900~1200mm이다. 가장 봄 가뭄이 심한 파종기의 강수량을 비교해보면, 베이징과 시안이 각각 59mm, 113mm, 평양과 서울이 138mm, 210mm이다. 황허 유역의 강수량은 우리나라의 비가 적게 오는 지역보다 훨씬 더 적다. 게다가 봄·여름에는 건조하고 바람이 많으며, 여름·가을에는 항상 폭우가 있는 것이 특징이다.

그리고 황허 유역의 토양은 장기간의 건한(乾旱)으로 황토층으로 형성되었다. 그런 가운데 산림, 저습지, 고전(高田)과 하전(下田), 강토(强土)와 약토(弱土)·경토(輕土) 및 반건조한 원야(原野)가 펼쳐져 있다. 게다가 토양의 주상(柱狀, 기둥 모양) 구조로 인해 토양 속의 수분이 증발하는 작용이 활발하다.

한반도 토양 조건은 중국 황허 유역의 토양 조건과 많이 달랐다. 한반도에는 중국과 같이 황토층으로 된 농경지대가 없다. 토양을 조성한 모암(母岩)은 제주도와 함경도 일부 지역의 현무암을 제외하면 화강암과 화강편마암이 대부분이며, 토양의 대부분은 산성 성분이다.

우리나라의 논 토양도 대부분 화강암과 화강편마암이 모재(母材)로 되어 있으며, 모래땅이 많고, 부식과 각종 무기 염류의 함량이 적으며, 토양이 산성이고, 갈이흙의 깊이가 얕고 비옥도가 낮아서 작물의 생산력이 떨어진다. 토양 조건의 측면에서 이처럼 화북 지역과 우리나라는 상당한 차이가 있었다.

원대에 쓰인『농상집요(農桑輯要)』는 중국 황허 유역 화북 지방의 농업을 중심으로, 그 재배기술을 정리한 것이다. 따라서『농상집요』에 보이는 작물 재배법을 조선에서 그대로 수용할 수는 없었다.

조선은 나라 규모가 크지는 않지만, 도별로 농업 조건에서 상당한 차이가 있었다. 강수량과 기온의 편차가 컸으며, 토질에서도 적지 않은 차이가 있었다. 비척의 정도에서, 수전과 한전의 비율에서, 자연재해의 정도에서 도별로 차이가 컸으며, 당연히 풍흉의 정도에서도 도별로 큰 편차가 있었다. 전국이 동시에 풍년이 드는 일도, 또 흉년이 드는 일도 없지 않았지만, 그런 경우는 많지 않은 것으로 보인다.

토질과 기상 여건이 도에 따라서만 차이가 큰 것이 아니라 지역에 따라, 지역 내 필지마다 현저한 차이가 있는 것이 우리의 특징이었다. 좁은 공간에서도 토질이 다르고 비척의 등급이 상이하며 기상 조건도 같지 않으므로 재배 작물도 다르고 작황에도 큰 차이가 있었다. 이 때문에 조선 초 편찬한 농서에서도 상이한 풍토를 고려해 갈이·파종·김매기·수확을 다양하게 소개하는 것이다.


## 3. 조선 초 농업의 특징


농사는 토질을 고려하고 기후를 참작해 작물을 선정 재배하는 것이기 때문에 환경조건을 잘 파악하지 않으면 안 되었다. 농업 지식이 풍부하더라도 특정 농촌에서 농업을 잘 수행할 수 있는 것은 아니었다. 현지에서 직접 농사를 짓는 농부가 농업에 대해 가장 정확한 정보를 익힐 수밖에 없었다. 조정의 관료보다는 시골의 선비가 농사를 잘 알지만 그 역시 친히 농사짓는 농부만큼은 농사에 대해 알지 못했다. 토질과 절기를 살펴 작물을 재배하는 것은 농부에 비견할 만한 이가 없는 것이다.

그렇기 때문에 각 지역에 거처하는 노농(老農)의 농사 경험이 매우 중요했다. 오랜 기간 영농 경험을 축적한 이들 노농은 작물의 선정과 재배에서 탁월한 수준을 보였다. 농서를 발간할 때에는 이러한 노농의 영농 경험이 중요한 바탕이 된다.

농사는 무엇보다 절기를 맞춰 짓는 것이 중요했다. 갈이 작업, 파종과 김매기, 수확하기 등은 작물에 따라 적합한 시기가 달랐다. 그 시기를 놓치면 농사를 망치게 된다. 그렇기 때문에 농사는 '진시(趁時)'가 중요했다. 파종의 시점을 맞추지 않으면 발아가 제대로 되지 않고, 늦게 파종하면 가을에 서리의 피해를 입는 수도 많았다. 제때에 제초를 하지 않으면 풀이 무성해지고 싹이 약해져서 제대로 결실을 맺지 못한다. 수확에서도 서둘러야 하는 것이 있는가 하면, 여유 있게 해야 하는 것이 있었다.

농사가 이루어지는 논[水田]과 밭[旱田] 가운데 조선 초에는 수전이 더 중시되었다. 수전에서 생산되는 것은 국용(國用)에, 한전에서 생산되는 것은 민식(民食)에 충당하는 것으로 여기고 있었다. 작물을 중심으로 보면 수전에서는 벼를 재배하지만, 한전에서는 다양한 작물을 재배하기 때문에 단일작물로는 벼가 으뜸이 되며 따라서 벼를 생산하는 수전이 더욱 중요시되는 것이다.

대개 수전과 한전의 소출은 서로 길항하는 양상을 보였다. 비가 많이 오면 수전이 유리하고 가뭄이 있으면 한전이 유리하였다. 수전의 소출이 많으면 한전의 소출이 적고, 수전의 소출이 적으면 한전의 소출이 많은 형세를 나타내는 수가 많았다. 물론 수전과 한전 모두 풍년인 경우도 있고, 수전과 한전 모두 흉년인 경우도 없지 않았다. 재해가 있다 하더라도 수전에서의 작황이 한전보다 양호한 경우가 흔했다. 수전과 한전이 고루 섞여 있으면 전손(全損)에 이르는 것을 막을 수 있었다.

## 4. 『농사직설』의 편찬

### 『농상집요』의 전래

조선 세종대 편찬한 『농사직설(農事直說)』은 조선시기 대표적인 농서다. 우리나라 농업 경험을 조사해 만들었고, 널리 보급했으며, 이후 편찬된 농서에 깊은 영향을 주었다. 조선 농학사에서 높은 위상을 갖는 농서라 하겠다.

중국에서는 일찍부터 농서를 만들었고, 그것이 우리나라에 전해졌다. 우리나라에 잘 알려진 중국 농서는 13세기 원나라 대사농사(大司農司)에서 편찬한 『농상집요』다. 『농상집요』는 중국 고래의 농서를 두루 참고하여 정리한 종합농서다. 가사협(賈思勰)이 6세기경에 편찬한 『제민요술(齊民要術)』을 원본으로 하고, 그 외에 화북 지방 농법을 담은 각종 문헌을 인용하여 편집했다.

『농상집요』는 다양한 상업 작물의 재배를 권유해 부민(富民)의 길을 열어주고자 하는 의도로 편찬했다. 주곡 관련 내용이 13.5%로 낮으며, 양잠에 대해 서술한 내용이 전체의 30% 정도를 차지하고 있다. 그 밖에 각종 야채·과실·죽목(竹木) 및 가축과 양어에 이르기까지 다양한 내용을 수록하고 있다.

주곡 작물에 초점을 두고 보면, 『농상집요』는 중국 농법을 화북 지방의 그것을 중심으로 정리한 농서라고 할 수 있다. 그렇기 때문에 『농상집요』는 한전 농업에 관심을 집중하고 있다. 곡물을 수록한 순서를 보면, 종곡(種穀, 粟)─종맥(種麥)─종도(種稻)─종두(種豆)로 되어 있다. 조[粟]를 오곡의 으뜸으로 중시하는 것인데 이것은 『농상집요』가 화북 지방 한전 농업의 형편을 고려해 편찬한 것임을 뜻한다. 그렇다고 수전 농업을 완전히 등한시한 것은 아니다.

정지(整地) · 파종 · 복토(覆土) · 진압(鎭壓) 과정을 가축의 힘을 이용해 신속하게 처리하는 것이 화북 지역 농업의 전반적 특징이었다. 『농상집요』는 파종법 중 특히 씨앗을 누거(耬車)에 담아 파종하는 누종법(耬種法)을 강조하고 있다. 그리고 『농상집요』의 시비법(施肥法, 거름 주는 법)은 『제민요술』 등의 이전 농서에서 인용한 것일 뿐, 13세기에 이르기까지 개발되었을 새로운 시비법에 대해서는 언급하지 않고 있다. 또한 기비(基肥, 밑거름)나 종비(種肥, 씨의 둘레에 주는 거름)에 대한 시비법이 대부분이고 파종 이후 추비(追肥, 웃거름)에 대한 언급이 없다.

『농상집요』는 국가 차원에서 편찬하고 국가 행정력으로 보급한 농서이기 때문에 개인 차원에서 만든 농서보다 영향력이 막강했다. 『농상집요』는 원의 세조 10년(1273)에 대사농사 관원 맹기(孟祺) 등에 의해 편찬된 이후, 인종(1312~1320 재위) 이후부터는 거의 5~7년 간격으로 한 번씩 중간했다. 1336년 진주로총관부(辰州路總管府)에서 간행한 대자본(大字本) 『농상집요』를 충정왕 원년(1349)에 이암(李嵒, 1297~1364)이 고려에 도입했다. 이암을 비롯한 고려 말의 식사들은 『농상집요』에 깊은 관심을 가지고 이를 널리 이용하려 했다.

이암이 들여온 이 농서를 지합주사(知陜州事) 강시(姜蓍, 1339~1400)가 중심이 되어 경상도안렴사 김주(金湊), 진주목사 설장수(偰長壽), 예문관 대제학 이색(李穡), 학승·왕사인 목암(木菴) 등과 협력하여 복각(複刻)하여 간행했다. 공민왕 21년(1372) 경상도 합천에서 개간(開刊)한 『원조정본농상집요(元朝正本農桑輯要)』가 그것이다. 이들이 『농상집요』에 관심을 가진 것은 그 농업기술을 도입해 농업 생산을 증진하고자 해서였다. 그러나 이 책은 방대하고 이해하기 힘들며, 우리의 농업기술과 다른 내용을 담고 있었다. 우리의 기후 풍토와 매우 다른 화북 지방 농법을 중심으로 서술하고 있기 때문에 우리의 작물 재배에 그대로 적용할 수는 없었다.

### 태종대의 『농서집요』 편찬

새로 개국한 조선으로서는 농업기술을 개량하고 농업 생산을 증진해야 하는 것이 과제였다. 조선 건국 후 권농정책을 적극 추진하면서 농서에 대해서도 깊은 관심을 기울였다. 현전하는 필사본 『농서집요(農書輯要)』는 태종대 그런 노력의 산물로 편찬한 것으로 보인다.

태종 14년(1414) 12월, 원의 『농상집요』가 백성에게 유익하나 쉽게 알기 어렵다고 하면서, 우리말로 번역하여 백성들이 알지 못하는 것이 없게 하면 좋겠다는 한상덕(韓尙德)의 상소를 받아들여, 이행(李行)과 곽존중(郭存中)에게 책을 만들어 판각(板刻)하게 했다. 이렇게 해서 만든 것이 『농서집요』로 보인다. 『농서집요』는 『농상집요』에서 필요한 부분을 취해 우리말로 주석을 달았는데, 『농상집요』의 초석(抄釋)이라 하겠다.

태종대에 만든 『농서집요』를 중종 12년(1517)에 당시 경상도관찰사였던 김안국(金安國)이 안동부사 이우(李堣)에게 신간(新刊)하도록 지시했다. 이에 이우가 신간서(新刊序)를 덧붙여 『농서집요』를 새로이 간행했다. 이때 신간한 『농서집요』가 후대로 전해지다가 어느 시점에 다시 필사되었고, 그 필사본이 현재까지 전해지고 있다.

### 세종대 『농사직설』의 편찬

중국 화북 지방의 농업기술과 조선의 농업기술은 현저히 달랐다. 조선 초 당시인은 중국과 우리의 풍토가 같지 않다는 점을 깊이 이해하고 있었다. 고을마다 기후 풍토가 서로 다르다는 것, 곡종마다 적합한 토양 환경이 다르다는 것, 같은 곡종이라도 토질에 따라 경종(耕種)하는 시점에 차이가 있다는 것 등이 문제 되면서, 조선의 영농 실정을 담은 농서의 간행이 필요하게 되었다. 조선의 토양 조건과 기후 여건을 기초로 농서를 편찬하지 않으면 안 되었던 것이다. 『농상집요』의 농업기술을 그대로 도입할 수 없다고 생각했다.

당시의 위정자는 조선의 농업 관행, 농업 경험에 기초해서 새로이 농서를 편찬할 필요성을 절감했다. 세종대 『농사직설』을 편찬한 까닭이다. 『농사직설』은 풍토의 차이, 자연환경의 차이를 의식하면서 조선 농업의 내용을 체계화한 농서다. 『농사직설』에는 '풍토부동론(風土不同論)'이 전제되어 있어, 조선의 독자적인 기술을 정립한 것이라고 볼 수 있다.

농서 편찬을 위해 먼저 농업 관행을 조사케 했다. 세종 10년(1428) 경상도·충청도·전라도 삼남 지방의 관행 농업기술을 보고하도록 했다. 3도의 감사에게 정지·파종·운자(耘耔, 김 매고 북을 돋우는 일)·수확의 방법, 오곡(五穀)의 토성소의(土性所宜, 땅의 성질에 따라 작물을 가꾸기에 적합한 장소), 잡곡(雜穀)의 교종(交種) 방법 등을 조사 정리하여 보고하도록 지시했다. 각 고을의 노농들을 방문해, 그들이 직접 시험하고 경험해서 터득한 농사 방법을 조사해서 글로 올리도록 한 것이나. 노농들의 관행 농법을 수집·편찬하고자 한 것이다.

『농사직설』은 세종 11년 5월, 동지총제(同知摠制) 정초(鄭招)와 종부소윤(宗簿少尹) 변효문(卞孝文)에게 엮도록 해서 편찬을 완료했다.

여러 도의 감사에게 명해 주현(州縣)의 노농을 찾아 방문해 토질에 따라 이미 시험해본 경험을 갖추어 이뢰도록 했다. 또 신(臣) 성조에게 조리와 순서를 덧붙이게 했다. 신 정초와 종부소윤 신 변효문이 펼쳐 보고 참고해서 중복되는 것을 삭제하고 절실하고 중요한 것을 취해 한 편을 찬술해 완성하고 제목을 '농사직설(農事直說)'이라 했다. 농사 이외의 다른 말을 섞지 않았으며 힘써 간결하고 사실대로 써서 산야(山野)의 백성으로 하여금 [내용을] 환히 쉽게 알도록 했다. [『세종실록』권44, 世宗 11년 5월 16일(辛酉)]

『농사직설』은 하삼도 지방의 선진 농법과 관행 기술을 조사·정리함으로써 조선의 풍토에 맞는 농서로 편찬한 것이다. 조선의 풍토, 즉 기후 조건과 토양 조건을 기초로 해서 마련한 농서라고 하겠다. 『농사직설』의 편찬에 중국 농서의 체계를 참고했음은 물론이다.

『농사직설』은 편찬과 동시에 인간(印刊)하여 보급하기 시작했다. 세종 12년 2월, 여러 도의 감사, 주군부현(州郡府縣) 및 경중(京中)의 시직(時職)·산직(散職) 2품 이상의 관원에게 배포했다. 세종 14년 정월 평안도 경력(經歷, 조선시대 종4품 벼슬)을 인견(引見)하는 자리에서 농업의 권과(勸課)를 강조하면서 『농사직설』의 편찬 반사(頒賜) 이후에 평안도 지역에 하삼도의 선진 농법이 전파되었다는 평가를 하고 있다. 세종 19년 평안도·함길도감사에게 『농사직설』에 의거하여 농법을 권상하고 그 결과를 보고토록 했다. 세종은 『농사직설』의 선진 농법을 서북 지역에까지 전파·보급하고자 했던 것이다. 그렇게 함으로써 전국적인 농업 생산력의 발전을 성취하고자 한 것이다. 특히 수전 농업을 어떻게 북부지방까지 보급해나갈 것이냐 하는 것이 중요한 과제였다.

『농사직설』은 삼[麻]과 참깨[胡麻]를 제외하면 모두 곡물만을 수록했다. 채소나 나무·가축 등에 대해서는 기술하고 있지 않다. 『농상집요』가 종합농서인 데 반해 『농사직설』은 주곡만을 중점적으로 서술하고 있어 『농상집요』보다 수록 대상이 훨씬 적었다. 농업 생산자의 입장에서는 매우 불완전한 농서일 수밖에 없었다. 이 점은 『농사직설』이 나온 뒤에도 중국 농서가 필요할 수밖에 없는 이유였다. 주곡 이외의 여러 분야 농업기술에 관해서는 중국 농서가 여전히 참고할 가치가 있었을 것이다.

『농사직설』의 구성은 ① 비곡종(備穀種) ② 경지(耕地) ③ 종마(種麻) ④ 종도(種稻) ⑤ 종서속(種黍粟) ⑥ 종직(種稷) ⑦ 종대두(種大豆)·소두

(小豆)·녹두(菉豆) ⑧종대소맥(種大小麥) ⑨종호마(種胡麻) ⑩종교맥(種蕎麥) 등의 순으로 되어 있다. 여기서 눈에 띄는 것은 양식(糧食) 작물은 대부분 재배법을 수록하고 있으나, 섬유작물은 마(麻)의 재배법만을 수록하고 있을 뿐, 목면(木綿)의 재배법을 제외한 점이다.

『농사직설』에서 가장 중시한 작물은 수도작(水稻作)이었다. 이것은 『농상집요』에서 한전 작물을 중시한 것과 크게 다른 점이다. 『농사직설』에 수록한 내용의 분량을 보아도 수전 중심임을 알 수 있다. 전체 10항목 가운데 벼농사 관련한 내용이 37.1%를 차지한다.

『농사직설』에 나타난 농법으로서 중국과 현저히 다른 점은, 한전 작물 재배에 화경(火耕) 농법과 간종법(間種法)이 보이는 것, 그리고 수도작에서의 건파법(乾播法)이라고 할 수 있다. 이러한 화경 농법·간종법·건파법 등은 조선 고유의 내용이다. 2년3작식의 작부 방식도 조선적인 특징으로 보기도 한다. 중국인이 그들의 자연환경 속에서 자신의 농업기술을 개발하고 발전시켰듯이, 조선인도 자신의 자연환경 속에서 그에 상응하는 농업기술을 개발·발전시켰던 것이다.

세종대 편찬한 『농사직설』은 이후 여러 곳에서 필요할 때마다 간행하여 보급했다. 그리고 필요한 농업기술을 조금씩 증보하기도 했다. 새로운 작물을 추가하기도 하고, 기존 작물의 재배법을 보완하기도 했다. 전라도 창평현 개간본(開刊本)에서는 '신증목면(新增種綿)'으로서 목면의 경종법을 증보했으며, 이후 경상도 용궁현에서는 창평현 개간본을 저본으로 택해 『농사직설』을 다시 판각했다. 창평현 개간본에 보이는 목면 경종법은 호남 지방의 그것이었다. 선조 14년(1581)의 내사본

(內賜本)『농사직설』에는 유마(油麻)와 수조자(水蘇子)에 대한 부주(附註)가 있으며, 후반부에『금양잡록(衿陽雜錄)』이 첨부·합간되었다.

17세기에 간행한『농가집성(農家集成)』역시『농사직설』복간의 전통 위에서 성립한 것이다.『농가집성』은 공주목사 신속(申洬)에 의해 효종 6년(1655)에 편찬되어, 이후 국가 정책으로서 보급되었다.『농가집성』은 『농사직설』, 세종의「권농교문(勸農教文)」, 주자(朱子)의「권농문(勸農文)」및『금양잡록』,『사시찬요초(四時纂要抄)』를 한 권의 책으로 집성한 것이다. 이 가운데『농가집성』에서 중심 농서로 삼은 것은『농사직설』이었다. 『농가집성』에서는『농사직설』의 내용을 여러 곳에서 증보하고 있다. 경지와 묘종법(苗種法)·대소맥·호마 등에 관해 내용을 추가했는데, 묘종법에 관련한 것이 가장 많다. 그리고『농사직설』에 수록하지 않은 화누법(火耨法, 볏모가 두세 잎이 나왔을 때 물을 빼고 마른 풀을 고루 펴서 불태운 다음 즉시 물을 대서 잡초를 죽여 볏모가 잘 자라게 해 김매기 없이 소출이 배가 되게 하는 농사법)과 목화 재배법을 추가했다. 이후 편찬된『산림경제(山林經濟)』(홍만선)·『해동농서(海東農書)』(서호수)·『임원경제지(林園經濟志)』(서유구) 등도『농가집성』을 중요 자료로 삼고 있으므로 결국『농사직설』의 농학은 조선 후기에도 면면히 이어졌다고 할 수 있다.

### 『금양잡록』과『사시찬요초』의 편찬

『농사직설』이후 그것을 보완할 수 있는 농서를 편찬했다.『금양잡록』과『사시찬요초』가 그것이다.『금양잡록』은 강희맹(姜希孟, 1424~1483)이 편찬한 것을 그의 사후에 간행한 것이다. 각종 곡물에 대하여 그 품종을 열거하고 특성을 정리한 것이 주요 특징이다. 『금양잡록』은 서문(序文)[조위(曺偉)], 농가[農家(穀品)], 농담(農談), 농자대(農者對), 제풍변(諸風辨), 종곡의(種穀宜), 농구[農謳(和憤)], 발문(跋文)[강구손(姜龜孫)] 등의 8개 목차로 구성되어 있는데, 곡품에 기록된 작물의 종류는 벼[稻]·콩(콩·팥·녹두·완두)·기장[黍]·조[粟]·피[稷]·수수[唐黍]·맥류(麥類) 등이다. 벼의 종류는 조도(早稻) 3종, 차조도(次早稻) 4종, 만도(晚稻) 18종, 산도(山稻) 2종으로 도합 27종, 콩[豆]의 종류는 태(太) 8종, 팥[小豆] 7종, 녹두 2종, 동배(冬背) 1종, 광장두(光將豆) 1종, 완두(豌豆) 1종으로 도합 20종, 서속(黍粟)의 종류는 기장 4종, 조 15종으로 도합 19종, 피 5종, 수수 3종, 맥류 6종 등 총 80종이 소개되어 있다.

『사시찬요초』는 중국 당대 한악(韓鄂)의 『사시찬요』에서 필요한 사항을 뽑아 편찬한 월령농서(月令農書)인데, 언제 누가 편찬했는지는 분명치 않지만, 강희맹이 편찬했을 것으로 추측하고 있다. 『사시찬요초』는 『농사직설』에서 언급한 내용은 간단히 기술하거나 생략하고 거기에 수록하지 않은 소채(蔬菜)·목면(木綿)·홍화(紅花)·남(藍) 등을 기술하고 있다. 『농사직설』을 포함한 세 농서를 합하면 그 내용이 중복되는 것이 아니어서 부족함을 보완할 수 있는 하나의 종합농서가 될 수 있었다.

### 『농사직설』의 특징

『농사직설』에서 다루는 작물은 매우 제한적이다. 삼과 참깨를 제외하면 모두 곡물이다. 벼, 기장과 조, 피, 콩·팥·녹두, 보리와 밀, 메밀이 중심이다. 섬유작물은 삼 이외에도 모시[苧]와 목면이 있으나 수록

하고 있지 않다. 채소나 과일, 나무, 약재, 가축 등에 대해서는 기록하고 있지 않다.

『농사직설』은 풍토부동의 문제를 고민한 농서다. 각 지방에서는 오랜 세월에 걸쳐 축적한 경험을 통해 그 지방의 토성을 이해하고 그 토성에 적합한 농작물을 재배해왔다. 각 지방에는 그 지방의 풍토관이 형성되어 있으며, 그곳 농민들은 그들의 농작물을 이에 따라 경종, 재배(栽培)했다. 중국과 서로 다른 풍토가 전제된 것이다. 『농사직설』은 결국 우리의 토풍을 강조한 농서라고 할 수 있다.

『농사직설』은 노농의 경험을 채록했다. 삼남 지방의 농업 전문가에게 확인한 사항을 채록·정리한 것이다. 노농을 삼남의 집약적 농법에 근거한 소농상층 출신의 농업 전문가로 보기도 한다. 노농은 양반 지주가 아니라 양인 농민이었으며 농업에 전문적인 소양을 갖추고 몸소 역농(力農)하는 경영 주체라고 할 수 있다. 풍부한 노동력과 농우(農牛)도 이용할 수 있는 여력을 지닌 존재였다. 소농민층에서 성장하여 비교적 안정된 영농 기반을 확보한 존재라고 할 수 있다. 노농은 경상도를 중심으로 한 삼남 지역에 널리 존재했던 것으로 여겨진다.


## 5. 『농사직설』에 보이는 조선 초 농업의 특징

『농사직설』은 조선 초 농업에 관한 다양한 정보를 알려준다. 『농사직설』에서 확인할 수 있는 조선 초기 농업기술의 몇몇 특징을 정리해

부고자 한다.

1) 개간 및 신전 확대에 대한 관심이 크게 반영되어 있다. 황무지[荒地]의 개간이 다수 언급되는 데서 개간에 대한 관심을 읽을 수 있다. 그 개간법을 상세히 소개하고 있다. 7~8월 사이에 갈아 엄초(掩草)하고, 다음 해 얼음이 풀리면 또 갈고 파종하는데 초경(初耕)은 깊게 하고 재경(再耕)은 얕게 해야 하며, 그래야 생땅이 일어나지 않고 흙이 부드럽고 익는다고 했다. 또한 새로이 개간하는 땅의 토질을 파악하는 방법을 소개하고 있다. 그리고 황무지를 논으로 만드는 방법을 상세하게 설명하고 있다.

황무지에 재배할 작물을 제시한 점 역시 개간에 대한 관심의 표현이라고 할 수 있다. 황무지에 재배하기 적합한 작물로 소개한 것은 녹두, 참깨와 메밀[蕎麥]이다.

그리고 토기(土氣)에 맞는 작물 선정을 위해 9곡을 각각 별도의 포낭(布囊)에 담아 땅속에 두었다가 50일 뒤에 꺼내 가장 많이 불어난 것이 그곳 토양에 적합한 작물이라는 것은, 새로 개간한 농지에서 재배할 작물을 택하는 방식이다.

2) 북방 농업에 대한 고려가 많이 보인다. 함길도와 평안도 양계 지방은 얼음이 늦게 풀리고, 서리가 일찍 내린다. 파종 시기가 늦고 수확 시기가 빨라야 작물을 안정적으로 재배할 수 있다. 그렇기 때문에 만종조숙(晩種早熟, 늦게 파종하고 일찍 익는 것)할 수 있는 농작물의 재배가

다른 지역보다 훨씬 중요하다고 할 수 있다. 만종조숙하는 저무이리조[占勿谷粟]와 강피[姜稷]는 특히 양계 지방에서 재배할 농작물로서 중요했다.

만도(晚稻)를 활용해 건경(乾耕)하는 것, 지대가 높은 곳의 밭벼[旱稻] 재배, 황지에서의 메밀 재배 등도 북쪽 지방에서 널리 활용할 수 있는 농법이다. 서직(黍稷, 기장과 피)이 고조지(高燥地, 높고 마른 땅)에서 재배하기에 적합하다는 설명 또한 북방에서의 영농에 대한 암시를 주는 내용이다.

교종·잡종법(雜種法) 역시 북방과 깊은 관련을 갖는 것으로 판단된다. 『농사직설』에서는 밭벼와 피와 팥, 흰 참깨[白胡麻]와 늦팥[晚小豆], 참깨와 녹두 등의 잡종법을 소개하고 있다. 잡종법은 흉년에 대비하는 것이지만 결국 북방에 더욱 유리한 재배법이라고 할 수 있다.

'북토(北土)'나 '조상처(早霜處)'와 같은 표현은 특히 북방의 조건을 고려한 것으로 보인다.


3) 토질을 여러 유형으로 나누고 있다. 토질에 따라 재배 품종, 파종 방식과 시비법도 달리 선택해야 함을 강조했다. 우선 수전(水田)·한전(旱田)의 구분이 있고, 양전(良田)·숙전(熟田)·미전(美田)·비전(肥田)·박전(薄田)의 구분이 보이며, 황지(荒地)에도 초목무밀처(草木茂密處)·저택윤습황지(沮澤潤濕荒地)·산림비후지(山林肥厚地) 등이 있다. 또 토양의 성질을 첨자(䑾者)·불첨불함자(不䑾不醎者)·함자(醎者)로 구분한 것도 보인다.

『농사지설』에서는 토양에 맞는 작물의 선정을 중시한다. 올내[무稻]는 비고(肥膏) 수전에 파종해야 하고, 삼과 서속은 양전을 택해야 한다고 보았다. 고조지에서는 밭벼·서속을 재배하고, 하습지(下濕地, 낮고 습기가 많은 땅)에는 수수와 피를 재배한다는 것이다. 황지에는 녹두·참깨와 메밀의 재배가 적합하다고 했다. 이렇듯이 토지를 여러 유형으로 구분하면서 각각의 토질에 적합한 재배 작물을 제시하고 있으며, 재배 방법이나 파종 시점을 달리 기술하고 있다.

4) 박전에 대한 관심이 매우 크다. 농지는 양질의 것도 있지만 척박한 경우도 매우 많은 법이다. 척박한 농지를 활용하다 보면 점차 숙전·양전으로 바뀌어간다. 척박한 농지에 마땅한 작물을 소개하고, 또 척박한 농지에 시비하는 방법도 상세히 언급하고 있다.

척박한 수전을 언급하면서 우마분(牛馬糞, 소와 말의 똥)과 연지저엽(連枝杵葉, 가지가 붙어 있는 떡갈나무 잎), 인분(人糞), 잠사(蠶沙, 누에 똥) 등을 시비하면 좋다고 했다. 밭벼를 재배하는 경우 척박하다면 숙분(熟糞)이나 요회(尿灰)를 섞어 파종할 것을 제시했다.

기장과 조를 재배할 경우 척박한 밭이라면 숙분과 요회를 사용해 파종할 것을 언급했다. 피의 재배 시 척박전(塉薄田)이라면 분회(糞灰, 숙분과 요회)를 사용하거나 잡초를 묘간(畝間)에 펴서 경종할 것을 제시했다.

콩·팥 재배 시에 척박하다면 분회를 사용하되 적어야 하고 많아서는 안 된다고 했다. 녹두는 박전에 재배할 것을 언급했다.

대소맥(大小麥) 재배 시 박전에는 일반 밭보다 배로 포초(布草)하는데 미처 풀을 베지 못했으면 분회를 사용하도록 했다. 혹은 녹두·참깨를 파종하고 5~6월에 엄경(掩耕, 갈아엎음)한다고 설명했다.

메밀은 황지에 적합하지만 밭이 척박하다면 분회를 많이 사용하면 수확할 수 있다고 했다.

농지로서 등급이 떨어지는 척박한 농지를 대상으로 재배할 작물을 제시하고 있으며, 또 다양한 시비법을 소개하고 있다. 한계 농지에서의 영농 방법을 소개한 것이라고 할 것이다. 토지를 개간한 뒤 처음에는 박전인 경우가 많을 텐데 그곳에서의 재배 작물과 시비 방법을 상세히 기술한 것이다.


5) 작물 가운데 늦게 파종하는 것에 대한 관심이 많다. 즉 만종(晩種, 늦게 파종하는 것)에 대한 고려다. 조종(早種, 일찍 파종하는 것)을 권장하고 있지만 현실의 기후 조건에서 이른 시기에 파종을 하지 못하는 경우가 많은데, 그에 대비해 늦작물을 적극 소개하고 있다.

벼의 수경(水耕)을 언급하면서 우선적으로 올벼 파종을 기술하고 있지만, 아울러 만도수경법(晩稻水耕法)도 제시하고 있다. 벼의 건경(乾耕)에도 늦벼를 사용해야 한다고 언급했다. 저택윤습황지를 개간하는 경우 늦벼를 파종할 것을 제시했다. 벼 재배에서는 올벼 파종이 권장사항이지만 여의치 않은 경우가 발생하면 늦벼를 파종할 것을 기술하고 있는 것이다.

기장과 조의 경우도 늦기장[晩黍]·늦조[晩粟]는 3월 중순에서 4월 상순에 파종할 수 있다고 했다. 만종조숙하는 저무이리조는 5월에 풀을 베고 마르면 바로 파종한다고 했다. 만종조숙하는 강피는 양맥(兩麥, 보리와 밀)의 뒷그루로 6월 상순에 파종할 것을 언급했다.

대두와 소두의 경우에도 만종을 아울러 언급하고 있다. 양맥의 뒷그루로 재배하는 것으로 늦은 대두와 소두를 제시하고 있다. 메밀 역시 입추(대개 양력 8월 8·9일경) 전후에 파종하므로 늦게 파종하는 작물이다.

농업 사정이 여의치 못할 때 늦게 파종할 수 있는 작물은 매우 중요했다. 마지막 결실을 기대할 수 있기 때문이다. 늦게 파종하면 가을 서리의 피해를 입는 수가 있었다. 통상보다 가을에 서리가 앞당겨 내리면 제대로 된 수확을 확보할 수 없었다.


6) 화경이 널리 활용되고 있다. 기존의 농지에 풀을 펼쳐놓고 그것을 태워 거름으로 삼고서 재배하는 방법을 여러 곳에서 언급한다. 이러한 농법은 건조한 중국의 화북 지방에서는 활용하지 않는 농법이었다. 황무지를 개간하는 경우에도 초목을 불로 태운 뒤 갈이 작업하고 작물을 재배할 것을 권하고 있다.

갈이 작업에서 한전을 초경한 뒤 풀을 펼쳐 불에 태우고 또 갈면 그 밭이 절로 좋아진다고 했다. 초목무밀처를 개간해 수전으로 만들 때 '화이경지(火而耕之)'한다고 했다. 만종조숙하는 저무이리조를 토후구진지(土厚久陳地, 땅이 두텁고 오래 묵은 곳)를 택해 파종할 때 5월에 풀을 베어서 마르면 불에 태우고 재 위에 파종할 것을 언급하고 있다. 기장·콩·조·메밀의 뒷그루로 양맥을 파종할 때 전작물(前作物)을 수확하기 전에 긴 자루 큰 낫으로 누렇게 되지 않은 풀을 베어서 밭두둑에 쌓고 전작물을 수확한 뒤 풀을 펼쳐서 화경살종(火耕撒種, 불을 놓아 태우고 간 다음 종자를 뿌림)하라고 했다. 메밀을 산림비후지(山林肥厚地)에 화경살종하면 수확이 통상의 배가 된다고 했다. 풀이나 초목을 불에 태워 재를 만들어 그것을 거름으로 사용할 것을 권장하는 것이다.

7) 다양한 작부 체계를 제시하고 있다. 우리의 농업에서 1년1작의 연원은 매우 오래되었다. 고려 시기에는 대부분의 평전에서 싱경화가 이루어졌다고 보고 있다. 이렇게 상경화가 보급되었다면 그 농지에서 이미 상당히 이른 시기부터 1년1작은 실현되었던 셈이다. 조선 초 1년1작은 이미 매우 안정된 상태였다고 볼 수 있다. 생육 기간이 짧은 것을 중심으로 해서는 1년2작이 성행하는 것도 당연히 오래된 것으로 보인다. 생육 기간이 짧은 채소의 경우나, 구황작물(메밀, 콩과 팥)에서도 일찍부터 1년2작이 이루어졌을 것이다.

작물의 이어짓기는 모두 맥을 기준으로 하고 있다. 맥을 기준으로 앞뒤에 다양한 작물을 재배하고 있는 것이다. 『농사직설』에서 제시한 작물 가운데 맥과 연결해 이어짓기를 하지 못하는 것은 삼과 벼뿐이다. 삼과 벼를 제외한 모든 작물은 양맥을 기준으로 전작(前作) 혹은 후작(後作)으로 이어짓기가 가능하다. 그것이 반복적으로 이루어진다면 2년4작이 가능한 것이다.

농민의 식량으로서 중요한 양맥의 경우 2년3작은 큰 무리 없이 이루어졌던 것으로 보인다. 물론 농지 조건이 나쁜 경우에는 1년1모작이었을 가능성이 높다. 양계의 경우 특히 그러했을 것이다. 그러나 통상 1년 2작, 2년3작은 큰 무리 없이 이루어지고 있으며, 간종법을 활용하면 2년 4작도 가능한 것으로 판단된다.

8) 다양한 파종법을 택하고 있었다. 이랑[畝, 壟]과 고랑[畝間, 畎, 溝]을 작성한 뒤에 파종하는 수도 있고, 그렇지 않은 경우도 있었다. 그리고 점뿌리기[點播], 줄뿌리기[條播, 線播], 흩어뿌리기[漫播] 둥이 있었다. 점파(點播)에는 족종(足種)과 과종(科種)이 포함되어 있었다. 작물의 속성을 고려한 파종법을 채택하고 있다고 할 수 있다. 작물마다 파종하는 방법을 둘러싸고 이견이 분분한 상태다.

대체로 묘(畝, 이랑)와 묘간(畝間, 고랑)을 구획해 농작업이 이루어지고 있지만 묘는 낮고 묘간도 얕으며 묘간이 상대적으로 넓었다고 이해하고 있다. 벼농사의 경우 평면으로 정지할 수밖에 없지만, 한전인 경우에는 대부분 묘와 묘간을 구획해 작물을 재배하고 있다.

수경재배하는 벼농사의 경우 조파로 보는 견해가 많지만 만파로 보기도 한다. 수도건경이나 밭벼의 경우 대개 족종으로 이해하고 있다. 벼는 통상 물을 대주고 있어 평평한 농지의 모습이지만, 밭벼의 경우 묘를 만들어 그곳에서 재배하는 것으로 보인다.

밭작물의 파종법에는 점파·조파·만파 세 가지 유형이 있지만 만파는 흔치 않고, 대개는 점파와 조파의 방법을 택하고 있었다. 점파의 경우, 발자국을 쳐서 씨를 넣는 족종도 있고, 과종도 있다. 과종은 호미로 파종 구멍을 파고 그 구멍에 종자를 넣는 방식이었을 것으로 추측된다.

조파를 하는 경우 솎아주기 작업을 거치면 최종적으로는 점파와 비슷한 외양을 갖는 수가 많았을 것으로 추정된다. 만파의 경우에도 쇠스랑 등으로 복종하는 과정에서 이랑이 형성되고 그 이랑에 종자가 집중되므로 결과적으로는 조파의 모습을 띠는 수가 많았을 것으로 여겨진다.

파종의 지점은 묘와 묘간 가운데 대부분 묘였던 것으로 보인다. 봄에 파종해 여름철을 경과하는 작물의 경우 집중호우의 피해를 받지 않기 위해서는 이랑에 파종하는 것이 유리했다. 보리와 밀의 경우 농종(壟種, 이랑에 뿌리는 방식)으로 보기도 하고 견종(畎種, 고랑에 뿌리는 방식)으로 보기도 하지만, 두 가지 방식이 모두 채택되었을 가능성이 높아 보인다. 사이짓기해서 양맥을 재배하는 경우, 이랑에서 생장했을 것으로 보인다. 양맥을 전작물로 하고 그 뒷그루로 팥을 재배하는 경우, 양맥은 고랑에서 생장해야 편리했을 것으로 추정된다. 이 두 가지가 모두 통용될 수 있는 것은 재배의 과정에서 이랑과 고랑의 높이 차이가 크지 않은 점도 작용했을 것이다.


9) 다양한 시비법을 소개하고 있다. 우선 거름의 종류가 매우 다양하다. 그리고 작물의 종류에 따라, 또 토질에 따라서도 시비하는 방법이 다르다. 『농사직설』에 보이는 시비의 종류는 초(목)분(草(木)糞), 초목회(草木灰), 녹비(綠肥, 苗糞), 우마분뇨(牛馬糞尿), 우마분회(牛馬糞灰), 분회(糞灰, 숙분+요회), 인분, 객토, 폭근(曝根)·폭양(曝陽), 기타로 구분할 수 있다.

우선 초목을 소재로 한 시비가 보이는데 풀(혹은 나무) 자체를 죽여서 흙 속에 묻음으로써 시비하기도 하고, 풀(나무)을 불에 태워 재로 만들어 거름으로 사용하기도 한다. 녹비는 소두·호마·녹두·들깨[水荏子] 등을 시비용으로 활용하는 것이다. 뿌린 다음 바로 갈기도 하고, 어느 정도 성장했을 때 갈아엎어 거름으로 사용하기도 했다. 우마의 배설물을 거름으로 활용하는 경우에는 똥이나 오줌을 직접 사용하는 것, 똥을 태워 재로 만들어 사용하는 것이 보인다. 분회는 매우 고급의 기름으로 여겨지는데 숙분과 요회를 함께 가리킨다. 요회가 우마의 오줌과 곡식의 재를 섞어서 만든 것이므로, 숙분도 재와 사람의 오줌을 섞어 만든 것이 아닐까 추측된다. 객토는 수전의 토질을 개선하기 위해 사용한 방법이다. 폭근과 폭양은 햇볕을 활용해 토질을 향상시키는 방법으로 직접적인 시비라고 하기는 힘들 것이다. 기타의 것으로 분과 회가 보이는데, 각각의 소재가 명확하지 않다. 분의 경우 우마분과 초분, 인분이 가능하지만 분명하지 않으며, 회의 경우 초목회인지 곡식을 태운 것인지 우마분을 태운 것인지 분명하지 않다.

　시비로서 가장 우수한 것은 분회와 우마분뇨로 보인다. 다양한 소재를 태워 만든 재도 양질의 거름으로 활용된 것으로 보인다. 녹두 등이 녹비로 활용된 점도 주목을 끈다. 우마분 이외에 닭이나 돼지의 배설물, 즉 계분(鷄糞)과 돈분(豚糞)도 거름으로 사용했을 테지만, 언급하고 있지 않다. 거름은 대부분 기비로 사용되었다. 대체로 갈이 작업이나 파종 작업에서 시비가 이루어지고 있을 뿐이다. 작물이 자라는 도중에 시비하는 이른바 추비는 행해지지 않은 것으로 보인다.

10) 제초에 관해서도 깊은 관심을 기울이고 있다. 농사의 작황은 김매기 여하에 달려 있다고 할 만큼 이 작업은 매우 중요하다. 메밀 재배에서는 김매기에 대한 언급이 없지만, 대부분의 작물 재배에서 이 작업을 강조하고 있다. 김매기의 횟수와 방법은 작물에 따라 달랐다. 대부분 호미를 사용해 김매기를 했지만, 손으로 김매기를 하는 경우도 없지 않았다. 수운(手耘)으로 표현된 것이 그 경우다.

김매기의 횟수를 1회만 하는 경우는 삼, 소두근경(小豆根耕), 대소맥이다. 2회 이내로 제한한 경우는 많아야 2회라는 것인데 수수와 참깨다. 2회로 한정된 경우는 피다. 3회의 김매기를 하는 작물은 서속이며, 3~4회 김매기를 하는 작물은 수경조도(水耕早稻)다. 늦벼를 수경하는 경우는 6월 보름 이전에 세 번 김매기를 해야 함을 강조하고 있고 적어도 6월 내로 3회 김매기를 해야 한다고 기술했다.

특이하게 고랑의 잡초를 부리망 씌운 소를 사역해 갈아 제거하는 경우도 보이는데, 서속과 대소두 재배에서 활용하고 있다. 김매기를 하면서 흙을 작물의 뿌리에 더해주는 북주기 작업을 명시적으로 언급한 경우는 기장과 조이며, 북주기를 하지 말 것을 명시적으로 언급한 경우는 밭벼다.


11) 작물의 속성에 따라 수확의 시점을 달리하고 있다. 올벼는 낟알이 잘 떨어지므로 수숙수예(隨熟隨刈, 익는 대로 베는 것)해야 한나고 언급했다. 기장은 익으면 낟알이 떨어지므로 반숙즉예(半熟卽刈, 반쯤 익으면 즉시 베는 것)해야 하고 조는 이와 달리 충분히 누렇게 익었을 때

베야 한다고 했다. 대두와 소두의 경우 '엽진수지(葉盡收之, 잎이 떨어지면 수확함)'라고 지적했다. 대소맥의 경우 수숙수예한다고 하면서 상세한 내용을 기술하고 있는데, 불을 끄듯이 급하다고 표현했다. 참깨의 경우 수숙예지(隨熟刈之)해야 한다며 상세한 타작 방법을 기술하고 있다. 메밀의 수확에 관해서는 그 열매가 반흑반백(半黑半白) 상태에서 베어 거꾸로 세우면 모두 검어진다고 언급했다. 익는 대로 즉시 베어야 하는 것은 올벼, 대소맥, 참깨이고, 충분히 익은 상태에서 수확하는 것은 조, 콩과 팥이며, 반쯤 익은 상태에서 베어야 하는 것은 기장과 메밀이다.

12) 다양한 농기구를 언급하고 있다. 갈이 작업, 숙치(熟治)와 마평(摩平), 복토, 김매기, 수확 작업별로 다양한 농기구가 활용되고 있다.

농사의 작업 순서대로 정리해보면, 갈이 작업에는 쟁기와 극젱이를 사용했을 것으로 보이지만 쟁기를 명확히 표현한 기록은 없다. 갈이 작업에는 대부분 쟁기를 사용했고, 지역에 따라 보습의 대소, 볏의 유무 등에서 그 형태가 다양했을 것이다. 다만 저택지를 개간해 수전으로 만드는 경우, 두 번째 해에 기경하는 도구로 따비[耒, 地寶]를 언급하고 있다. 소규모 농지에서는 삽과 괭이도 가는 농기구로 활용했을 것으로 보이나 언급하고 있지 않다.

숙치·마평의 작업에 활용한 농기구로는 써레[木斫, 所訖羅], 쇠스랑[鐵齒把, 手愁音], 곰방메[橁木, 古音波], 윤목(輪木)과 도리깨[栲栳, 都里鞭]가 보인다. 써레와 쇠스랑 및 곰방메를 보편적으로 사용한 것을 알 수 있다.

특수한 저택지 개간 시에 풀을 죽이고 흙의 표면을 다듬을 때 윤목과 도리깨를 사용했다.

파종한 것을 복토해주는 도구도 여럿 확인된다. 쇠스랑, 끙게[撈, 曳介], 번지(翻地, 板撈), 고무래[把撈, 推介], 곰방메, 시목(柴木, 땔나무), 등써레[木斫背, 所訖羅背, 써레등] 등이 보인다. 쇠스랑과 곰방메는 숙치·마평뿐 아니라 복종의 작업에도 사용했다. 시목을 엮어 복종하는 것은 저택지를 개간한 뒤 벼를 파종했을 때 보여 특수한 예로 이해된다.

김매기에는 호미[鋤]를 널리 사용했을 것으로 보이나, 호미가 명시적으로 제시된 경우는 많지 않다. 그렇지만 김매기의 의미로 서(鋤)가 사용된 예가 많아, 호미의 사용을 알 수 있다. 손으로 김매기를 하는 경우도 없지는 않은데, '수운'으로 표현한 것이 그것이다.

수확의 도구로는 낫[鎌]을 널리 사용했을 것으로 보이나, 낫이 명시적으로 표현된 예는 풀을 베는 도구로 사용된 장병대겸(長柄大鎌)이다. 베는 작업을 나타내는 '예(刈)'가 많이 보이는 것을 보면, 낫의 사용도 광범위했을 것이다.

곡식의 낟알을 터는 작업 도구에 대해서는 거의 기록이 없다. 겨우 참깨를 터는 데 사용한 작은 막대기[小杖]가 보일 뿐이다. 키[簸]도 타작 과정에 사용하는 도구다. 농기구 가운데 타작 기능을 한 것에 대한 기록이 가장 부족하다. 나아가 도정이나 가루로 만드는 작업에 사용한 농기구도 보이지 않는다. 도리깨는 타작에도 널리 사용했을 것이며, 탯돌과 개상, 물레방아, 디딜방아, 절구, 맷돌도 물론 사용했을 것이다.

저장·보관하는 용기로 사용한 것으로는 공석[藁篇], 베주머니[布囊],

항아리[瓮], 나무통[槽, 木槽] 등이 보인다. 덮는 기능을 담당한 것으로 날개[苫薦, 飛介]와 이엉[苫]이 있다. 그 밖에 소의 입을 막아 풀을 먹지 못하도록 하는 부리망도 확인된다.

『농사직설』에서 언급하지는 않았지만, 거름을 운반하는 장군, 바닥을 까는 자리인 멍석, 농작물을 운반하는 지게, 담거나 운반할 때 사용하는 망태기와 소쿠리, 광주리, 바구니도 있었을 것이며, 그리고 갈퀴도 널리 사용했을 것이다.

13) 농우를 전제한 기술이 많다. 『농사직설』의 곳곳에서 경지(耕地)를 언급하고 있다. '경(耕)' 작업은 거의 모든 작물의 재배에서 필요한 것으로 언급하고 있다. 갈이 작업에는 대부분 소를 이용했을 것이다. 천천히 갈아야 흙이 부드러워지고 소가 피곤해지지 않는다는 언급은 경지 작업에 소를 이용했음을 알려준다.

심경(深耕, 깊게 가는 것)을 하는 추경(秋耕) 작업에는 소가 필수적이었을 것이다. 추경을 하는 예는 여럿 확인할 수 있다. 콩과 팥을 수확한 뒤 갈아두면 토질이 윤택해진다는 것은 곧 가을갈이를 지적한 것인데 이때에 소를 이용했음은 분명해 보인다.

선경(旋耕, 갈아엎음)이나 엄경(掩耕)에서도 쟁기의 활용을 알 수 있는데 이때 소가 사역되었음이 분명하다. 사이짓기[間種法]에서 수확한 뒤 '경맥근(耕麥根)'할 것을 언급하는데 이때에도 농우를 사역했을 것이다.

개간 작업에는 더욱 소가 필요했을 것으로 보인다. 황무지의 개간에 갈이 작업이 동반되는데 소가 없으면 쉽지 않은 작업일 것이다. 저택윤습황지를 개간해 늦벼를 파종하는 경우, 시목 두세 개를 엮어 소가 끌도록 해 복종(覆種, 씨를 덮어주는 일)하고 있으며, 개간한 지 3년이 되면 우경이 가능하다고 언급했고, 또 안장에 아이를 태워 소로 하여금 윤목을 끌게 해 살초파괴(殺草破塊)케 하는 등의 작업에서 황무지의 개간에 소를 널리 활용했음을 볼 수 있다.

제초 작업에 소를 사용했음이 보인다. 서속을 재배할 때 양 묘간(畝間)에 잡초가 무성하면 소 한 마리에 부리망을 씌워 서구경지(徐驅耕之)해서 그것을 제거할 것을 언급하고 있다. 콩·팥을 재배하는 경우에도 망구우(網口牛)를 부려서 양 묘간을 갈아 잡초를 제거하고 잡초가 무성해지면 다시 간다는 것이 그것이다.

소를 거름 생산에 활용하는 예도 허다하다. 삼의 재배에서 우마분을 사용하고 있다. 우마분은 당연히 소의 존재를 전제로 한다. 또 척박한 수전에 우마분을 사용할 것을 언급하고 있다. 묘종처(苗種處)에 우마분을 사용하는 것도 보인다. 자주 언급되는 요회도 우마와 관련된다. 요회는 외양간 밖에 웅덩이를 만들어 저장한 오줌[尿]과 곡식의 줄기·껍질을 태운 재[灰]를 섞어 만드는 양질의 거름이다. 작물의 재배에서 요회의 사용을 언급한 경우가 여럿 확인되는데, 모두 소의 존재를 전제한다. 맥의 재배에서도 소의 거름을 활용하고 있다. 봄·여름 사이에 가느다란 버드나무 가지를 꺾어 우마의 외양간[牛馬廐]에 펴놓고 대엿새마다 꺼내어 쌓아 거름으로 삼으면 특히 맥 농사에 좋다고 했다. 소가 있어야 우마구가 있음은 당연한 일이겠다. 메밀의 지종법(漬種法)이 메밀을 우마구지뇨(牛馬廐池尿)에 담갔다가 우마분을 태워 만든 재에 던져 그것을 묻혀 파종하는 방법이라고 소개하고 있다. 이때에도 소가 있어야 메밀의 지종법이 가능하다.

『농사직설』을 보면 농작업 전반에 걸쳐 소를 사용할 것을 전제하고 있다. 갈이 작업은 물론이고, 제초 작업이나 개간 작업에도 매우 중요하다. 그리고 거름의 생산에도 소의 존재는 절대적이라 할 수 있다. 그만큼 조선 초기 농경 활동에서 소가 갖는 중요성이 컸다. 그런데 실록 등 일반 자료에서는 농우의 부족을 자주 언급하고 있는데, 아마 널리 활용해야 함에도 충분히 확보하지 못함을 지적한 것으로 이해된다.

14) 『농사직설』 편찬 시 적극 고려한 계층은 대체로 대농이나 지주로 보인다. 농업 생산의 주체를 양반 지주·대농층으로 보고 그들의 농업 생산을 염두에 두면서 편찬한 것으로 이해하는 연구자는, 『농사직설』에 경영 규모를 제한하는 표현이 없다는 것, 도처에서 황무지 개간을 장려한 것, 우경이나 우마분의 사용을 당연한 것으로 제시한 것 등을 근거로 제시한다. 양반 지주·대농은 신전 개발을 통하여 경영 확대에 열중했으며, 조방(粗放)적 농업도 불사하는 입장에 있었다고 이해했다. 물론 소농층의 농업에 대한 배려가 없는 것은 아니라고 보았다. 전소자(田少者, 밭이 적은 자)를 위한 간종법의 제시가 그것이었다는 것이다. 이러한 견해를 계승해, 소농보다는 대농을, 빈농보다는 지주를 경제활동의 주축으로 삼고 있으며, 이들을 중심으로 진황지 개간을 진척시키고, 나아가 조선의 농업 생산을 운영하고자 하는 입장을 보인다고 주장하기도 한다.

## 일러두기

1. 조선 전기에 간행된 『농사직설』에는 ①庸齋文庫本(延世大 소장), ②李亮載氏本, ③昌平縣開刊本, ④宣祖 14년 內賜本 등이 있다(金容燮, 『신정증보판 朝鮮後期農業史研究』II, 지식산업사, 2007, 178쪽, 주 4). 이 글에서 활용한 『농사직설』은 아세아문화사에서 영인한 ④宣祖 14년 內賜本이다(『農書』1, 亞細亞文化社, 1981, 1~25쪽).

2. 원문에서 ○을 표시해 내용을 구분하고 있어 원문과 번역은 이러한 구분을 따랐다. 본문에서 설명할 때는 '2장 둘째 문단'처럼 표시했다.

3. 원문은 큰 글자[本文]와 작은 글자[細註]로 구분해 쓰여 있는데, 이 책에서는 세주 부분을 ( ) 안에 넣어 구분하고, 번역문에서는 글자 크기와 서체로 구분했다.

4. 음력과 양력: 번역문은 원문에 따라 달을 표시했는데, 이것은 음력이다. 반면 해설 자료에서는 음력과 양력이 혼용되어 있는데, 양력인 경우는 별도로 표시했다. 별도의 설명이 없는 경우 대개 음력이다.

5. 현대의 농법 설명: 표준적인 내용을 담고 있는 고등학교 『농업』 및 『작물』 교과서, 농촌진흥청, 『농업과학기술대전』1-6권, 2002 등을 참고했다.

6. 작물 이름은 친숙한 우리 이름을 제시하고 괄호 안에 한자를 표기하는 것을 원칙으로 했다.

7. 본문에 실은 전통 농기구 사진 가운데 개상, 고무래, 곰방메, 극젱이, 낫, 도리깨, 따비, 쇠스랑, 써레, 윤목, 쟁기, 절구, 키, 호미, 맷돌 등은 가톨릭관동대학교 박물관의 허가를 받아 사용했으며, 그 외 사진은 별도로 출처를 밝혔으나 출처가 모호한 사진은 생략했다.

# 서문

총제(摠制)[1] 정초[2] 등에게 명해『농사직설』을 찬술하게 했다. 그 서문은 다음과 같다.

농사는 천하 국가의 큰 근본이다. 예로부터 성왕(聖王)은 이것(농사)을 힘쓸 바로 삼지 않음이 없었다. 황제 순[3]이 9관[4]·12목[5]에게 명할 때 가장 먼저 '먹는 것은 농사 시기에 달렸다'[6]고 했으니, 진실로 제사를 받드는 일과 백성을 기르는 바탕이 이것을 버리고서는 할 수가 없다.

공손히 생각건대 태종 공정대왕이 일찍이 유신(儒臣)에게 명해서 옛 농서 중에서 절실하게 쓰일 만한 말을 가려 뽑아 거기에 우리말[鄕言]로 주를 달고 목판인쇄를 해 널리 반포해서 백성으로 하여금 근본(농사)에 힘쓰도록 가르쳤다.[7]

우리 주상전하(세종)에 이르러 밝은 정사를 이어서 다스리기를 도모

했는데 더욱 백성의 일에 뜻을 두었다. 오방(五方)[8]의 풍토가 같지 않아, 심고 재배하는 법에 각각 마땅함이 있기 때문에[9] 고서(古書)와 모두 동일하게 할 수 없다고 했다. 이에 여러 도의 감사에게 명해 주현의 노농[10]을 찾아 방문해 토질에 따라 이미 시험해본 경험을 갖추어 아뢰도록 했다. 또 신 정초에게 조리와 순서를 덧붙이게 했다. 신 정초와 종부소윤[11] 신 변효문[12]이 펼쳐 보고 참고해서 중복되는 것을 삭제하고 절실하고 중요한 것을 취해 한 편을 찬술해 완성하고 제목을 '농사직설'이라 했다.

농사 이외의 다른 말을 섞지 않았으며 힘써 간결하고 사실대로 써서 산야(山野)의 백성으로 하여금 [내용을] 환히 쉽게 알도록 했다. [완성본을] 올리자, 주자소[13]에 내려보내어 책 몇 권을 인쇄케 하여 장차 중외에 반포해 백성을 이끌고 삶을 풍족히 함으로써 집집마다 넉넉하고 사람마다 풍족함에 이르도록 하고자 했다.

신이 가만히 주시[14]를 살펴보니, 주가(周家, 주 왕실)가 농사로써 나라를 다스려 800여 년의 장구함을 유지했다. 지금 전하가 은혜로 이 백성을 양육하고 나라를 위해 길게 생각하시니 어찌 후직[15]·성왕[16]과 더불어 동일한 규범이 아니겠는가? 이 책이 비록 작지만 그 이익 됨을 어찌 말로 다할 수 있겠는가?


序文[17]


○ 命摠制鄭招等 撰農事直說 其序曰
農者 天下國家之大本也 自古 聖王 莫不以是爲務焉 帝舜之命九官十二牧也

首曰 食哉惟時 誠以粢盛之奉 生養之資 捨是無以爲也

恭惟 太宗恭定大王 嘗命儒臣 掇取古農書切用之語 附註鄉言 刊板頒行 教民力本

及我主上殿下 繼明圖治 尤留意於民事 以五方風土不同 樹藝之法 各有其宜 不可盡同古書 乃命諸道監司 逮訪州縣老農 因地已試之驗 具聞 又命臣招就加詮次 臣與宗簿小尹臣卞孝文 披閱參考 祛其重複 取其切要 撰成一編 目曰 農事直說

農事之外 不雜他說 務爲簡直 使山野之民 曉然易知 旣進 下鑄字所 印若干本 將以頒諸中外 導民厚生 以至於家給人足也

臣竊觀周詩 周家以農事爲國 歷八百餘年之久 今我殿下惠養斯民 爲國長慮 豈不與后稷成王同一規範乎 是書雖小 其爲利益 可勝言哉

# 1
## 곡식 종자의 준비

○ 9곡[18]의 종자를 거두어 견실(堅實)한 것으로[19] 다른 것이 섞이지 않고 눅눅하지[浥] 않은 것을 취한다. 읍(浥)은 울읍(鬱浥)이나.[20] 송자가 견실하지 못하면 이듬해 곡식의 이삭도 역시 부실하게 되는데 이른바 태반에서 병을 얻은 것이다. 종자가 섞여 있으면[21] 이르고 늦음이 같지 않게 된다.[22] 종자가 눅눅하면 싹이 나지 않으며 싹이 나더라도 부실하다. 키[簸]질을 해서 쭉정이를 제거한 뒤[23] 물에 담가 뜨는 것을 버리고 [가라앉은 것을] 건져내서[24] 햇볕에 충분히 말려 습기가 없도록 하며, 호천(蒿篇)[25] 같은 종류의 용기에 담아서 단단히 저장한다. 호천은 향명(鄕名)이 공석(空石. 빈 섬)[26]이고, 조금이라도 습기가 있으면 많은 경우 울읍하게 된다.

○ 이듬해에 적합한 곡식의 품종을 알고자 하면,[27] 9곡의 종자를 각각

한 되[升]씩 베자루[布囊]에 담아 흙구덩이 속에 묻는다.[28] 사람이 그 위에 앉거나 눕지 못하게 한다.[29] 50일 뒤에 파헤쳐 꺼내어 양을 살피는데 가장 많이 불어난 것이 그해(이듬해)에 적합한 것이다.[30] 땅의 기운은 토질마다 적합함에 차이가 있기 때문에 각 마을로 하여금 시험해보도록 한다.[31]

○ 겨울에 항아리(옹기)나 나무통을 땅속에 묻고 얼지 않도록 한다. 섣달에 이르러 눈을 거둬서 [항아리·나무통에] 풍성하게 담고 점천(苫薦)[32] 향명은 비개(飛介, 날개)으로 두텁게 덮는다.[33] 고서에 이르기를 눈은 오곡[34]의 정기라 했다. 파종할 때에 이르러 그(눈 녹은 물) 속에 종자를 담갔다가 건져내서 햇볕에 말리는데 이렇게 하기를 두 차례[35] 한다.[36] 혹은 나무통에 소·말 외양간 구덩이의 오줌을 담아서[37] 거기에 종자를 담갔다가 건져내 햇볕에 말리는데, 또한 반드시 세 차례 한다.

備穀種

○ 收九穀種 取堅實不雜不浥者 (浥 鬱浥也 種不實 則明年穀穗亦不實 所謂受病於胎也 種雜 則早晚不等 種浥則不生 雖生亦不實) 簸揚去秕後 沉水去浮者 漉出曬乾以十分 無濕氣爲度 堅藏蒿篅之類 (蒿篅 鄕名空石 小有濕氣 多致鬱浥)

○ 欲知來歲所宜 以九穀種各一升 各盛布囊 埋於土宇中 (勿令人坐臥其上) 後五十日 發取量之 息宂多者 其歲所宜也 土氣隨地異宜 宜令各村里試之

○ 冬月 以瓷或槽 埋地中 栗令不凍 至臘月 多收雪汁盛貯 苫薦 (鄕名 飛介)
厚盖 (古書曰 雪 五穀之精) 至種時 漬種其中 漉出曬乾 如此二度 或用木槽 盛牛
馬廐池尿 漬種其中 漉出曬乾 亦須三度

❁

### 곡식 종자 준비하기

모든 작물 농사에서 종자가 매우 중요하다. 종자 준비는 작물 재배
의 출발이다. 종자가 부실하면 아무리 농사에 정성을 기울여도 좋은 결
과를 기대할 수 없다. 그렇기 때문에 농민은 좋은 종자를 확보하기 위
해 노력하는 것이다.

좋은 종자는 발아율이 높고, 병충해의 피해가 적으며, 등숙(登熟, 곡식
이 여무는 현상)이 잘 되고 균일하다. 그리고 다른 품종이나 이물질이 섞
여 있어서는 안 된다. 잘 정선된 종자라도 여러 가지 병균에 감염되었
을 가능성이 있으므로 파종 전에 반드시 소독을 해야 한다.

종자는 무한 기간 동안 발아(發芽)할 수 있는 것은 아니다. 종자가 발
아력을 가지고 있는 기간을 종자의 수명이라 하는데 그 수명은 작물 종
류에 따라 다르다. 습기가 많은 고온보다는 건조하고 저온인 상태에서
종자의 수명이 길어진다. 수명의 연장을 위해서는 잘 건조시켜 함수량
(含水量)을 낮추어야 한다.

종자의 수명은 대부분 1~2년이지만, 현대처럼 건조시켜 저온 저장고
에 저장하면 수명이 크게 연장되며, 이렇게 저장할 경우 보리·콩·귀리

등은 10년, 콩 등은 5년 수명을 유지한다.

종자는 휴면 기간이 있어 수확하자마자 즉시 발아 조건을 주어도 일정 기간 동안 발아하지 않는 것이 보통이다. 휴면의 원인은 종자 중의 저장물질이나 효소가 생리적으로 미숙 상태이거나 발아 억제 물질이 존재하기 때문이다. 휴면 기간은 작물의 종류 및 품종에 따라 매우 다르다.

농민이나 국가는 좋은 종자를 확보하기 위해 온갖 노력을 다했다. 종자 대비 소출이 많은 것, 가뭄이나 홍수·벌레·바람·추위 등 각종 재해에 잘 견디는 것, 그리고 생장 기간이 가급적 짧은 것이 선호되는 종자였다. 그리고 토질에 잘 적응하는 것도 중요했다. 영농 과정이 너무 까다로운 것은 곤란했다. 경지와 정지, 파종, 김매기, 수확, 시비 등에서 너무 예민한 것은 정상적인 수확을 기대하기 어렵게 했다.

국가는 좋은 종자를 확보하기 위해 많은 노력을 기울였으며, 이를 널리 보급하고자 했다. 우연히 소출이 많은 우량종자를 발견한 경우, 그것의 재배를 확대하기 위해 노력했다. 늦게 파종해 빨리 수확할 수 있는 품종은 봄 가뭄이 빈번한 우리의 농업 조건에서 매우 선호되었다. 청량속(靑粱粟, 5장 둘째 문단), 강직(姜稷, 6장 둘째 문단), 오십일도(五十日稻)[38]에서 확인할 수 있다.

농민이 종자를 확보하지 못한 경우 국가 차원에서 종자를 공급하는 일이 많았다. 종자의 공급은 권농정책의 중요 사항 가운데 하나였다. 농사철에 즈음해 국가에서 벼나 콩·양맥·메밀 등의 종자를 제공하는 사례가 다수 보인다. 예컨대 세종 28년(1446) 1월 경상도에 도종(稻種)

19만 5,200석, 황두(黃豆) 종자 3만 6,000석을 지급했고,[39] 같은 해 2월 황해도에 도종 5만 5,900석, 황두 8,800석을 지급했다.[40] 농민이 종자를 확보하지 못한 경우, 국가가 볍씨와 콩을 제공해 파종할 수 있도록 한 것이다.

종자를 그대로 파종하기도 하지만, 수분 흡수를 돕고 발아를 촉진하기 위해, 일정한 처리를 하기도 한다. 물에 담가 불리는 것, 미리 발아시키는 것, 재와 오줌 등을 버무리거나 묻히는 것 등이 그것이다.

1장 '곡식 종자의 준비[備穀種]'에서는 좋은 종자의 확보와 보관, 각 고을 토양에 적합한 종자의 선택, 종자의 소독으로 나누어 설명하고 있다.


### 좋은 종자의 확보 및 보관

9곡(穀)의 종자를 기두이 견실한 것, 즉 잘 여물어 딱딱한 것을 택한다. 다른 종자가 섞이거나 물기가 있어 눅눅한 것은 좋지 않다. 같은 종자라 하더라도 이른 것과 늦은 것이 섞여 있어도 좋지 않다.

종자가 부실하면 이듬해 곡식의 열매가 역시 부실해지는 것은 자명한 일이다. 그것은 모태에서 병을 얻기 때문이다. 조종과 만종이 섞여 있으면 농작업이 균일하지 못한 문제점이 발생한다.

종자에 물기가 있으면 그것은 잘 발아하지 않으며 발아한 경우에도 결실이 불량하다. 눅눅하면 발효되어 뜨는 경향이 있기 때문에 발아가 제대로 되지 않는 것이다.

견실한 종자를 택해 키질을 해서 쭉정이를 버린 다음, 물에 담가 뜨는

것을 제거한다. 물에 뜨는 것은 종자로서 불량한 것이다. 가라앉은 종
자를 건져내서 햇볕에 충분히 말려 물기가 없도록 해야 한다. 종자의
함수량을 낮추기 위함이다. 또 빈 섬이라 하는 호천에 넣어 잘 보관해
야 한다. 바람이 통하는 빈 섬에 보관해야 습기가 차지 않고 따라서 뜨
는 것을 막을 수 있다. 좋은 종자를 선별하는 작업은 대개 가을철 수확
후에 했을 것이고, 호천에 담아서 겨울을 지냈을 것이다. 물론 일찍 수
확한 보리나 밀은 수확한 즉시 종자 선별 작업을 했을 것으로 보인다.

종자의 선별과 보관에 사용한 농기구는 키[簸]와 호천(蒿篅)이나. 키
는 종자를 까불러 불량한 것을 가려내며, 호천은 종자를 안정적으로 보
관하는 기능을 한다.

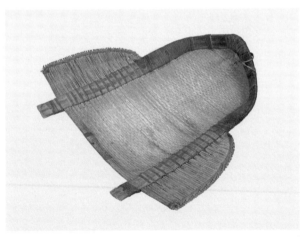

키 : 곡식 등을 까불러서 쭉정이·티끌·검부러기 등의 불순물을 걸러내는 데
쓰는 용구.

## 각 고을 토양에 적합한 종자의 선택

곡식의 종자는 각 지역의 토양에 맞는 것이어야 한다. 토양의 성질에 적합한 곡식을 파종해야 작황이 좋고 소출이 많아진다.

이듬해 농사에 적합한 곡식의 종자를 알기 위해서는 9곡의 각 종자를 각각 1되씩 베주머니[布囊]에 담아 동지 무렵에 땅속에 묻고, 그 위에 앉거나 눕지 못하게 한다. 50일이 경과한 뒤 그것을 꺼내어 양을 측정해보았을 때 가장 많이 불어난 것이 이듬해에 적합한 곡물이 된다. 땅의 기운을 받아 50일 동안 가장 많이 불어난 것이 그곳 토양에 적합한 좋은 종자라는 뜻이다.

땅의 기운은 지역에 따라 다르기 때문에 각 마을마다 시험해보도록 해야 한다. 마을마다 적합한 곡물이 있는 것이다. 이것은 각 마을의 농지에서 어떤 곡물을 재배할 것인가를 결정하는 방식이다. 대개는 재배해온 경험이 있기 때문에 이러한 시험은 군이 할 필요가 없을 것이다. 새로 개간한 땅에 어떤 종류의 곡물을 재배할 것인지 판단할 때 필요한 작업으로 보인다.

농기구로 주목되는 것은 베주머니다. 곡식을 담는 용기의 구실을 했다.


## 종자의 소독

겨울철에 항아리[瓮]나 나무통[槽]을 땅속에 묻고 얼지 않도록 한다. 12월에 눈을 항아리나 나무통에 풍성하게 저장하고 점천(苫薦, 飛介)이라는 짚으로 엮은 덮개로 두툼하게 덮는다. 눈은 오곡(五穀)의 정기라고 할 정도로 종자에게는 매우 좋다. 태종 18년(1418) 판광주목사(判廣州牧事) 우희열(禹希烈)은 상서문(上書文)에서 설수(雪水)는 '오곡지정(五穀之精)'[41]이라고 표현했다.

파종할 때 눈 녹은 물을 저장한 항아리나 나무통에 종자를 담갔다가 건져내 햇볕에 말리기를 두 차례 한다. 혹은 나무통에 소와 말 외양간 구덩이의 오줌을 풍성하게 담고 거기에 종자를 담갔다가 건져내 햇볕에 말리기를 세 차례 한다.

이것은 종자에 섞인 병충이나 잡물을 제거해 종자를 견실하게 하는 작업이다. 눈 녹은 물과 소·말의 오줌으로 종자를 소독함으로써 병충해를 예방하는 것이다.

여기에 보이는 농기구로 눈 녹은 물을 담는 항아리와 나무통[槽, 木槽]이 있고, 짚으로 엮은 덮개인 날개[飛介]가 있다. 항아리와 나무통은 물건을 담아 저장하는 것이고, 날개는 항아리나 나무통을 덮는 덮개다.

# 2
# 땅 갈기[42]

○ 땅을 가는 것은 마땅히 천천히 해야 한다. 천천히 갈면 흙이 부드러워지며[43] 소가 피곤해하지 않는다.[44] 봄·여름의 갈이는 마땅히 얕게 해야 하며,[45] 가을갈이는 마땅히 깊게 해야 한다. 봄갈이[春耕]는 가는 즉시 다스려야 하며,[46] 가을갈이는 흙이 말라 색이 하얗게 될 때를[47] 기다려 다스려야 한다.[48]

○ 밭[旱田]의 경우는 처음 간 뒤에 풀을 펴서 불로 태우고 다시 갈면 그 밭이 저절로 좋아진다.[49]

○ 척박한 밭[薄田]의 경우 녹두(菉豆)를 갈아서[50] 무성해지기를 기다려 갈아엎으면[51] 잡초도 나지 않고 벌레도 생기지 않으며 척박한 토질

이 기름진 것으로 바뀐다.[52]

○ 황무지[荒地][53]의 갈이 방법.[54] 7~8월[55] 사이에 풀을 갈아엎고[56] 이듬해 얼음이 풀리면 다시 간 뒤에 파종한다. 대개 황무지 개간은 처음 갈이는 마땅히 깊게 해야 하며, 두 번째 갈이는 마땅히 얕게 해야 한다. 처음 깊게 갈고 뒤에 얕게 갈면 생땅이 일어나지 않아서 흙이 부드럽고 숙토[57]가 된다.[58]

○ 황무지를 시험해 분별하는 방법. 1척[59] 깊이의 흙을 찍어내 맛을 보아서 단 것이 상급이고, 달지도 않고 짜지도 않은 것이 다음이며, 짠 것이 하급이다.[60]

耕地

○ 耕地宜徐 徐則土軟 牛不疲困 春夏耕宜淺 秋耕宜深 春耕 則隨耕隨治 秋耕 則待土色乾白乃治

○ 旱田 初耕後 布草燒之 又耕 則其田自美

○ 薄田 耕菉豆 待其茂盛 掩耕 則不蒡不虫 變埴爲良

○ 荒地 七八月間耕之 掩草 明年 氷釋又耕 後下種 大抵荒地開墾 初耕宜深

再耕宜淺 (初深後淺 則生地不起 令土軟熟)

　　○ 荒地辨試之法 劚土一尺深 嘗其味 甛者爲上 不甛不鹹者次之 鹹爲下

＊

　곡물을 재배하기 위해서는 땅을 갈아야 한다. 땅을 가는 일은 농사일 가운데 가장 먼저 해야 하는 것이며, 동력이 많이 필요한 작업이다.

　땅을 갈면 흙이 부드러워지며, 잡초가 흙 속으로 들어가 제거되어 잡초의 발생을 억제하는 효과가 있다. 또한 지표의 유기물이 땅속에 들어가 영양분이 되므로 토양을 비옥하게 한다. 흙을 다공성(多孔性)으로 만들어 파종이 용이하고, 발아가 쉬우며 성장에도 큰 도움을 준다.

　땅의 갈이 직업에 닐리 사용하는 농기구는 쟁기와 극젱이다. 쟁기는 볏이 달렸으며, 극젱이는 볏이 없고 끝이 뾰족하지 않으며 둥그레하다. 쟁기나 극젱이는 소를 사용해 끌기도 하지만, 인력을 활용하기도 한다. 쟁기로 갈면 볏밥이 한쪽으로만 갈려 나가 모아지고, 극젱이를 쓰면 흙이 양쪽으로 흩어져 모인다. 일반적으로 쟁기는 논에 많이 사용하고, 극젱이는 밭을 가는 데 널리 활용한다. 극젱이는 가는 데뿐만 아니라 이랑을 만들거나 골을 탈 때에도 많이 사용하며, 밭고랑에 난 풀을 긁어 없애고 북을 주는 데에도 널리 활용했다(5장 첫째 문단, 7장 다섯째 문단 참조). 땅 갈이 작업에는 쟁기와 극젱이를 많이 사용하지만, 소규모 농지에서는 따비나 괭이, 삽, 쇠스랑도 활용했다.

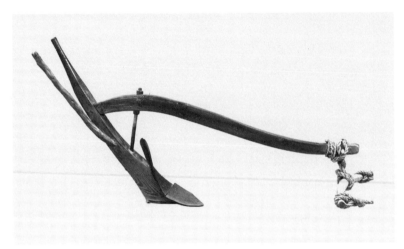

쟁기 : 논이나 밭을 가는 데 쓰는 데 농기구.

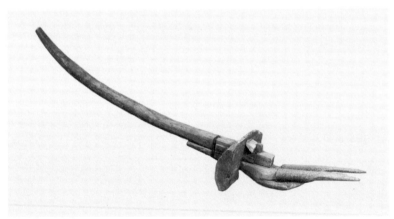

따비 : 손잡이를 잡고 발판을 밟아 삽질을 하듯이 논과 밭을 가는 농기구. 비탈이 심하거나 돌과
나무뿌리가 많아 쟁기를 쓸 수 없는 곳에서 사용한다.

극젱이 : 땅을 가는 데 쓰는 농기구의 한 가지. 쟁기와 비슷하나 쟁깃술이 곧게 내려가고 보습 끝이 무디며 몸체가 빈약하다.

2장 '땅 갈기[耕地]' 항목에서는 갈이 작업 일반을 기술한 뒤, 한전(旱田)·박전(薄田)·황지(荒地) 갈이로 구분해 설명하고 있다. 박전과 황지에 대해 기술하고 있는 점은 이 시기 농지의 확대, 개간 농지의 양전화(良田化)가 매우 중요했음을 뜻한다.

### 땅 갈이의 대원칙

땅을 가는 것은 천천히 해야 한다. 서서히 땅을 갈아야 흙이 부드럽고 소가 피로를 느끼지 않는다. 땅 갈이에 사용한 농기구는 쟁기로 보이며, 소가 피곤해진다는 언급이 보여, 소가 쟁기를 끌었음을 알 수 있다.

『농사직설』은 갈이 작업에 농우를 활용하는 것을 전제로 하고 있다.

봄·여름에는 얕게 갈고, 가을철에는 깊게 간다. 봄갈이는 가는 즉시 흙덩이를 부숴 입자가 곱고 또 평평하게 해주어야 하며, 가을갈이는 흙이 말라 색이 하얗게 되었을 때 다스린다. 즉 가을갈이는 땅을 갈아 흙이 말라 하얗게 되었을 때 흙덩이를 부수고 평평하게 해주어야 한다.

봄에는 날씨가 따뜻해 토양의 분해 작용이 활발하고 건조할 우려가 있기 때문에 가는 즉시 다스리는 것이고, 가을에는 토양의 유기물 작용이 활발하지 않고 토양에 습기가 많기 때문에 일정한 시간이 흐른 뒤에 다스리는 것이다.

가을갈이의 중요성은 누구나 인식하지만 심경(深耕)할 수 있는 축력인 소의 확보가 전제되어야 한다. 가을갈이는 즉시 파종을 위한 작업, 즉 추곡(秋穀) 파종을 위한 작업이 아니고 이듬해의 농사를 위한 작업이다.

갈이 작업에 사용한 농기구를 무벽려(無鐴犁, 극젱이, 홀칭이)로 보기도 하고,[61] 유벽려(有鐴犁)로 보기도 한다.[62] 볏 달린 쟁기의 연원은 오래되었고, 조선 전기에도 갈이 작업에 널리 활용한 것으로 보인다.[63] 무벽려를 사용했으므로 천경(淺耕)이 일반적이었을 것으로 보는 주장도 있다.[64] 이와 달리 천경에는 소 한 마리가 끄는 호리갈이가 활용되었고, 심경을 할 때에는 소 두 마리가 함께 끄는 겨리갈이를 한 것으로 보기도 한다.[65]

갈이 작업을 하는 데는 농우가 필수적이지만, 모든 농가가 농우를 보유하고서 자신의 농지갈이에 활용할 필요는 없을 것이다. 세종 29년 (1447) 5월 의정부에서, 농사에서는 소가, 군사에서는 말이 매우 중요한 데, 경기민의 경우 소를 갈이에 사용하는 것은 10에 1, 2도 없으며, 심경을 하지 못해 결국 농사를 못 짓게 된다고 했다.[66] 농사에 있어서 소는 매우 중요했다. 경기민의 경우 소를 사용해 경전하는 이는 열에 한둘뿐이므로 심경할 수 없어 실농한다는 이야기다. 소를 사용해 심경을 하는 이가 많지 않다는 것이다. 단종 1년(1453) 9월, "대개 한 리(里) 안에서 농우를 가지고 있는 자는 한두 집에 불과하며, 한 집의 소로 1리의 갈이에 도움을 받는 것이 반이 넘는다"라는 지적이 보인다.[67] 1리에 농우를 가지고 있는 자는 1, 2가에 불과하며, 1가의 소로써 1리의 갈이에 도움을 주는 것이 과반이라는 것이다. 『금양잡록』에서는 100호의 농가에서 소를 가지고 있는 사람은 전체의 10분의 1에 해당하는 10여 호뿐이라고 했다.[68] 우경을 위해 모든 농가가 농우를 보유할 필요는 없을 것이다. 농우를 빌려서 갈이 작업 하는 경우가 많기 때문이다. 이 점을 고려하더라도 우경이 충실히 이루어질 수 있을 정도로 농우가 넉넉했던 것은 아닌 것으로 이해된다. 그렇지만 『농사직설』은 갈이 작업뿐만 아니라 전체 농작업에서 농우를 널리 활용하고 있음을 전제로 기술하고 있다.[69]

첫째 문단에서 언급한 갈이 대상 농지는 수전인지 한전인지 분명하지 않다. 둘째 문단에서 한전을 별도로 기술하고 있는 것으로 보아, 앞의 문장은 수전을 대상으로 기술한 것으로 보이기도 하지만 전체 내용을 보면 수전·한전을 망라한 갈이 작업 일반론으로 이해된다.

첫째 문단에서 추경의 구체적인 방법을 기술하고 있지만, 당시의 농촌에서는 추경이 활발하지 않은 것으로 언급하고 있다. 추경에 관해서 세종 19년 6월, 여러 도의 감사에게 전지(傳旨)한 내용에, 추경이 매우 중요하지만, 우리 농민은 추경을 알지 못하며 간혹 아는 자가 있어도 여력이 없어서 하지 못하고 있다는 것이 보인다.[70] 추경을 마음 써서 하지 않았다고 하면서 추경을 강조하는 것이다.

세조 4년(1458) 10월, 경기관찰사 김연지(金連枝)에게 유시하는 가운데 경상도의 농사 습속에 관해 수전에서 반드시 가을·겨울에 갈고 봄에 또 갈지만, 다른 도에서는 그에 미치지 못한다고 언급하고 있다.[71] 경상도의 습속은 근검해, 수전에서 반드시 추동에 갈이를 하고 봄에 또 갈이한다는 것이다. 경상도에서는 추경이 널리 자리 잡고 있지만 전체적으로 보면 추경을 실시하지 않는 지역이 꽤 많았던 것으로 보인다. 그러나 『농사직설』에서는 추경이 자주 언급되고 있어(2장 첫째·넷째 문단, 4장 둘째 문단, 5장 둘째 문단, 7장 첫째 문단), 일반적이었다는 인상을 준다.


### 밭의 갈이

밭은 처음 간 뒤에 풀을 펼쳐 깔고 불을 지른 다음 다시 갈면 토지가 비옥해진다. 한전의 갈이에서는 풀을 태워 거름으로 덮은 뒤에 갈도록 권장하고 있다. 밭에서는 갈이와 시비가 함께 이루어지고 있다. 한 번 갈고 초회(草灰)로 덮은 뒤 다시 한번 가는 것, 즉 두 차례의 갈이 작업을 기술한 것이다. 갈이 이후의 정지(整地) 방법은 작물의 종류에 따라 다양했을 것이다. 묘와 묘간으로 나누기도 하고, 평전(平面)으로 치전(治田)하기도 했을 것이다.

### 척박한 밭의 갈이

척박한 밭에는 녹두를 뿌리고 갈며, 그 녹두가 무성해졌을 때 갈아엎으면 잡초도 나지 않고 벌레도 생기지 않으며, 척박한 땅이 양질의 땅으로 바뀌게 된다.

척박한 밭의 경우 녹두를 뿌리고 갈면 녹두가 자연스럽게 흙으로 덮여 복토가 이루어져 싹이 나게 된다. 이때의 갈이 작업은 신경이 필요한 것이 아니므로 극젱이를 사용했을 것이다. 그것이 무성해졌을 때 갈아엎어 거름으로 삼으면 잡초도 나지 않고 벌레도 발생하지 않을 뿐만 아니라 척박한 땅이 양호한 것으로 변하는 것이다. 둘째 문단과 마찬가지로 갈이와 함께 시비가 이루어지고 있다.

### 황무지 갈이

황무지는 7~8월 사이에 풀이 무성할 때 살아서 풀을 뒤집어 죽인다[掩殺]. 이듬해에 얼음이 풀리면 다시 갈고 파종한다. 미개간지인 황무지를 가는 경우 풀을 갈아엎어 죽여서 거름으로 삼고, 이듬해에 다시 갈이해서 파종한다는 것이다.

대개 황무지를 개간하는 경우 처음 갈이는 깊게 하고, 두 번째 갈이는 얕게 해야 한다. 처음에 깊게 갈면서 풀을 뒤집어엎으면 그 풀이 땅속에 들어가 거름이 된다. 겨울을 보내고 이듬해 다시 갈면 거름이 잘 섞이고 토양이 부드러워진다. 두 차례의 작업을 거치면 토양의 입자가 부드러워지고 부식토가 풍부해져서 작물이 성장하기에 좋은 토양이 되는 것이다. 그러나 두 번째 갈이를 처음보다 깊게 하면 무기질이 없는 생땅이 일어나 작물에 영양분을 공급하는 것이 어려워진다.

황무지의 개간은 상당히 어려운 일이므로 소를 활용해 쟁기질했을 것으로 보인다. 인력으로 쟁기를 끌어서는 개간 작업을 제대로 이루기 어려웠을 것이다. 황무지의 갈이 언급에서 볼 수 있듯이 조선 초기 개간에 대한 관심이 매우 높았다(4장 일곱째·여덟째 문단, 7장 여섯째 문단, 9장 첫째 문단, 10장 첫째 문단).

농지의 개간은 기존의 정주지 인근에서도 이루어지고, 새로운 개척지에서도 활발하게 이루어졌을 것이다. 특히 북방의 함길도와 평안노에서의 농지 개간은 매우 두드러졌다.

### 황무지의 변별법

새로이 개척하는 땅의 토질을 파악할 필요가 있다. 황무지를 변별하는 방법은 1척 깊이의 땅을 파내서 그 흙의 맛을 보는 것이다. 흙이 달면 상급이고, 달지도 않고 짜지도 않으면 다음이며, 짜면 하급이 된다. 염분이 섞인 토양을 가장 나쁜 토양으로 파악하고 있다. 황무지의 토질을 파악하기 위해 한 자 깊이의 흙을 파내서 그 흙의 맛을 보는 것이다.

황무지 토질을 파악하는 방법은 오랜 경험에서 체득한 것으로 보인다. 조선 초에 들어와 바닷가 및 도서(島嶼)의 진황지를 다시 개간하고 또한 북방 지역의 농지를 활발하게 개간하는 사정하에서 특별히 수록한 것으로 보인다.[72] 짠 토지를 언급하는 것으로 보아 바다에 인접한 지점을 개간하는 일이 많았던 것으로 보인다.

2장 '땅 갈기[耕地]'에서는 농사 작업에서 출발이 되는 갈이 작업을 상세히 기록하고 있다. 갈이하는 작업에 사용하는 농기구는 쟁기나 극쟁이로 보이고, 인력보다는 축력을 적극 활용한 것으로 판단된다. 갈이 작업에 농우를 언급하는 데서 그렇게 보인다. 갈이 작업에 시비가 동반되고 있음이 주목을 끄는 사항이다. 풀을 태워 거름으로 삼는 것이 보이고, 녹두를 거름으로 삼는 것을 언급하고 있다. 황무지 개가 시 자란 풀을 갈아엎어 거름으로 삼는 것도 보인다. 경지(耕地)가 단순한 갈이에만 그치는 것이 아니라 시비를 동반하고 있는 것이다. 한전에는 초회, 박전에는 녹두, 황지에는 생초(生草)를 각각 활용하고 있다.

　　무엇보다 당시에 농지 개발을 권장하는 형편 속에서 황무지의 개간을 강조하는 점이 주목된다. 황무지의 개간과 시비, 그 토양의 등급 파악을 명시하고 있다.

# 3
# 삼 재배법[73]

○ 정월 얼음이 풀리면 좋은 밭[良田]을 택한다.[74] 밭이 많으면 세역 (歲易)을 한다.[75] 세역을 하면 껍질이 얇고 마디 사이가 넓다.[76] 가는 것은 세로로 세 번 가로로 세 번 하고[77] 우마의 분(糞, 똥)을 흩어서 편다.[78] 2월 상순에 다시 간다. 중순이면 중간 시기이고, 하순이면 늦은 시기가 된다.[79] 북쪽 땅으로서 찬 기운이 늦게 풀리는 곳에서는 당연히 때에 따라 적절하게 해야 할 것이다.[80] 9곡[81]도 이와 같이 한다. 목작(木斫)[82] 향명은 소흘라(所訖羅, 써레)[83] 및 철치파(鐵齒擺) 향명은 수수음(手愁音, 쇠스랑)로 숙치(熟治)해서[84] 평평하게 고른 뒤에 발로 밟아 고르고 조밀하게 다진다.[85] 종자를 흩어 뿌리는데[撒種][86] 또 반드시 고르고 조밀하게 해야 한다. 발로 밟는 것과 종자를 뿌리는 것이 고르지 않고 조밀하지 않으면 삼의 섬유질이 나빠지기도 하고[87] 혹은 가지가 벌어서[88] 사용하기에 적합하지 않다. 노(撈)를 끌어 [종자를] 덮

어준다.[89] 노의 향명은 예개(曳介. 끌게)다.[90] 가지 많은 나무를 엮어서 만드는 데 솔가지가 가장 좋다. 그 위에 우마분[91]을 흩어서 편다. 삼의 싹이 3마디[三寸][92] 정도 자라 잡초가 생기면 김매기 한다.[93] 한 번 김매기 하는 데 그친다.[94] 또 늦게 뿌리는 삼씨가 있는데 하지(夏至) 전후 10일 안에 모두 파종할 수 있다.

種麻

○ 正月氷解 擇良田 田多 則歲易 (歲易 則皮薄節闊) 耕之縱三橫三 布牛馬糞
二月上旬 更耕之 (中旬爲中時 下旬爲下時 至於北土寒氣晚解 要當隨時適宜 九穀
倣此) 以木斫 (鄕名 所訖羅) 及鐵齒擺 (鄕名 手愁音) 熟治使平 後足踏均密 撒種
又須均須密 (足踏與撒種 不均不密 則麻或麤或枝 不中於用) 曳撈覆種 (撈 鄕名 曳
介 編多枝木爲之 松枝爲上) 其上又布牛馬糞 麻長三寸許 有雜草 則鋤之 (不過一
鋤 又有晚種者 夏至前後十日內 皆可種也)

삼의 재배

『농사직설』에서 재배 작물로 가장 먼저 언급한 것이 삼[麻]이다. 섬유 작물에는 삼 이외에도 모시[苧]가 있고, 목면이 있으며, 관련 나무로 뽕나무[桑]가 있다. 모시는 재배 지역이 넓지 않고 대중적인 의류가 아니기 때문에 수록하지 않은 것으로 보인다. 목면은 조선 초 재배가 빠른 속도로 확산되는 추세에 있었지만 수록하고 있지 않다. 비단과 관련한 뽕나무는 중요하지만 농작물이라기보다는 나무로 취급해서 언급하지 않은 것 같다. 조선 세종대 가장 대표적인 섬유작물은 삼이기 때문에 삼을 수록한 것으로 판단된다.

『세종실록지리지』 토의조(土宜條)에 기초한 통계에 따르면(〈표 1〉 참조), 삼은 전국 334개 군현 가운데 216개 군현에서 재배해 약 65%의 비율을 점하고 있다. 반면 모시는 29개 군현으로 8.68%, 목면은 43개 군현으로 12.87%를 점유하고 있다. 세 개 의류 작물 가운데 삼이 가장 보편적으로 생산되는 대표 작물임을 알 수 있다. 도별로 보면 강원도는 24개 군현 전부에서 재배하고, 평안도·경기·전라도에서도 재배하는 군현이 많은 편이다. 경상도·황해도·충청도는 재배하는 군현의 수가 50%를 넘지 않는다. 특히 충청도에서는 14% 정도의 군현만이 재배해 극히 저조하다.

면포가 일반화되기 전에는 삼베를 옷감으로 가장 많이 사용했다.

〈표 1〉 『세종실록지리지』의 도별 섬유작물 재배 군현 수 및 백분율[95]

|  | 경상도 (66) | 전라도 (56) | 충청도 (55) | 경기 (41) | 강원도 (24) | 황해도 (24) | 평안도 (47) | 함길도 (21) | 계 (334) |
|---|---|---|---|---|---|---|---|---|---|
| 麻 (삼) | 31 (46.96) | 49 (87.50) | 8 (14.54) | 36 (87.80) | 24 (100.0) | 11 (45.83) | 43 (91.48) | 14 (66.66) | 216 (64.67) |
| 苧 (모시) | 1 (1.51) | 14 (25.00) | 10 (18.18) |  | 2 (8.33) | 2 (8.33) |  |  | 29 (8.68) |
| 木綿 (목면) | 13 (19.69) | 27 (48.21) | 3 (5.45) |  |  |  |  |  | 43 (12.87) |

삼베는 삼 껍질의 안쪽에 있는 인피섬유(靭皮纖維)를 이용해서 만든다. 삼의 인피는 아주 섬세하게 쪼개지므로 극세사를 만들 수 있다. 삼베는 수분을 빨리 흡수하고 배출하며 자외선을 차단하는 기능이 있다. 또한 곰팡이균을 억제하는 항균성과 항독성이 있다.

현대의 농법에서 남부지방은 양력 3월[96] 상순, 중부지방은 3월 중순에서 하순이 삼씨 뿌리기에 알맞은 시기다. 수확하기 알맞은 시기는 8월 상순이다. 일찍 수확하면 수량이 적고 섬유가 약해지며, 늦게 수확하면 섬유가 거칠어져 품질이 낮아진다. 삼은 심근성이므로 땅을 깊게 갈아야 좋다. 또 흙을 곱게 다듬어야 생육이 균일해진다. 파종 방법으로는 줄뿌림과 흩어뿌림이 있다. 싹이 튼 후 솎아주고 그루 사이를 4~5cm로 띄워준다. 조밀하게 파종하면 배서(조밀해서) 줄기가 가늘고 위로 올라가며, 반면 드물게 파종하면 옆으로 가지가 뻗어 사용하기 나쁘다.

삼은 크게 성장하지 않은 어릴 때에 우박의 피해를 입는 일이 많았다. 음력 4월 12일에서[97] 5월 26일까지[98] 삼이 우박의 피해를 입은 것이 확인된다.

조선 초 삼의 재배 지역을 확대하려고 한 노력이 보인다. 세종 21년 (1439) 1월 새로 사민된 함길도(咸吉道)의 회령(會寧)·경원(慶源)·종성 (鍾城)·경흥(慶興)·부거(富居) 등 5읍(五邑)에 삼이 드물다고 하면서 삼의 종자를 보내도록 했다.[99] 사민 지역인 함길도에 삼의 종자를 보내 재배를 권장하는 것이다. 삼의 재배가 조선 초 매우 중요했음을 알려준다.

## 삼의 재배법 총괄

정월 얼음이 풀리면 좋은 토질의 땅[良田]을 택한다. 토지가 많다면 해마다 경지를 바꾸는 세역(歲易)의 방식을 택하는 것이 좋다. 그만큼 삼은 지력을 많이 소모하는 작물이기 때문이다. 세역을 해서 지력을 잘 유지한다면 삼의 껍질이 얇고 마디 사이가 넓어 섬유로 활용하기에 매우 좋다. 껍질이 얇아야 가는 실이 나올 수 있고, 미디기 길이나 끊어시지 않는 긴 섬유를 확보할 수 있다.

얼음이 풀렸을 때 양전을 택해 세로로 세 번, 가로로 세 번 갈고서 우마분을 펴준다. 토지를 여러 번 갈아서 토양의 유기물을 잘 섞어주고 토양을 부드럽게 하는 것이다. 거름은 소와 말의 똥을 사용한다.

2월 상순에 다시 갈아준다. 상순에 갈아주는 것이 좋으며, 중순에 가는 것은 그다음이 되고 하순은 좋지 않다. 북쪽의 추위가 늦게 풀리는 곳에서는 때에 맞춰 갈이해야 한다. 땅이 늦게 녹기 때문에 다소 늦게 갈이할 수밖에 없을 것이다. 갈이하는 시기는 권장하는 시점이 있지만 지역의 형편에 따라 달리해야 한다. 지역과 기후 조건에 따라 갈이하는 시기를 조절해야 함은 9곡도 마찬가지다.

갈이한 뒤 써레나 쇠스랑으로 잘 다스려 평평하게 해준다. 흙덩이를 부숴 흙의 입자를 곱고 부드럽게 하며, 또 평평하게 해주는 것이다. 농지는 고랑이나 이랑을 만들지 않은 평평한 상태였을 것이다. 발로 골고루 조밀하게 밟아줌으로써 경지 전체를 눌러준다. 그다음에 삼의 종자를 골고루 조밀하게 뿌린다.

파종 작업은 발로 밟아 다소 굳어진 경지 위에 종자를 손으로 흩어

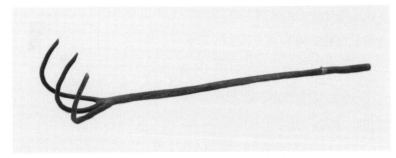

쇠스랑 : 땅을 피헤쳐 고르거나 두엄·풀무덤 등을 쳐내는 데 쓰는 농기구.

씨레 : 갈아놓은 논바닥을 고르거나 흙덩이를 잘게 부수는 농기구.

뿌리고, 그것을 끙게[撈, 曳介]를 사용해 얕게 복토하는 과정을 거쳤다. 끙게는 가지가 많은 나무로 만드는데 소나무 가지로 만든 것이 최상급이다. 끙게를 사용해 종자를 흙으로 덮었지만 덮은 흙의 두께는 얇았을 것이다. 균밀(均密)한 씨뿌리기가 중요하므로, 노련한 농부가 그 일을 담당했을 것으로 보인다. 삼의 파종은 대개 조파(條把, 줄뿌리기, 선뿌리기)로 이해하고 있으나 만파(漫播, 散播, 흩어뿌리기)의 가능성도 없지 않다. 경지를 밟아주는 것, 파종하는 모습, 끙게로 복종하는 모습에서 흩어뿌리기의 가능성을 엿볼 수 있다.

경지를 밟아주는 일이나 종자를 뿌리는 것은 고르고 조밀해야 한다. 그렇지 못하면 삼의 섬유질이 나쁘거나 가지가 많아 사용하기에 적합하지 않게 된다. 조밀해 간격이 좁으면 줄기가 위로 뻗으면서 가늘고, 반면 듬성하게 뿌린다면 위로 뻗지 않고 옆가지가 발달해서 위로 성장하지 못한다. 지나치게 배도(조밀해도) 문제이고, 지나치게 듬성듬성해

끙게 : 씨를 뿌리기 전후에 흙을 부수거나 고르는 데 쓰는 연장.(출처 : 한국민족문화대백과사전)

도 섬유로 활용하기에 적합하지 않게 된다. 일정한 굵기로 곧고 높게 자란 삼에서 좋은 베 섬유를 얻을 수 있다.

삼의 종자를 흙으로 덮어준 뒤 그 위에 우마분을 펼쳐준다. 복토된 종자 위에 우마분을 추가로 시비하는 것이다.

삼의 싹이 나와 세 치쯤(10cm 내외) 자라서 잡초가 있으면 김매기를 한다. 김매기는 한 번만 해준다. 삼이 잘 자라서 잡초보다 크기 때문에 굳이 잡초를 제거하는 김매기가 더 이상 필요 없는 것이다. 김매기를 할 때 솎아주는 작업도 병행했을 것으로 보인다. 배게 자란 곳은 솎아주고, 성긴 곳은 보식(補植)했을 것으로 추정된다. 솎아주기와 보식은 당시 작물 재배에서 일반적이었을 것으로 보이지만, 『농사직설』에서는 서속(黍粟)의 재배에서만 언급하고 있다(5장 첫째 문단 참조).

늦게 파종하는 삼의 품종이 있는데, 하지 전후한 10일 사이에 파종한다.

거름으로 우마분을 사용하는 것이 주목된다. 갈이하는 과정에서도 우마분을 뿌려주고, 또 파종하고 복종한 뒤 다시 우마분을 뿌린 것이다. 양질의 거름인 우마분을 두 차례나 사용하고 있다. 양전을 택하고 세역을 권장하며, 두 차례의 우마분을 시비하는 데서 알 수 있듯이 삼의 재배에 상당한 지력이 소모된다. 풍부한 시비가 있어야 양질의 베 섬유를 확보할 수 있다.

삼의 재배에 사용하는 농기구는 여럿 확인할 수 있다. 우선 갈이 작업에서 쟁기를 사용했을 것이다. 흙덩이를 부수고 평평하게 하는 과정에서 써레와 쇠스랑을 사용했다. 파종한 종자를 복토할 때 끙게[撈, 曳介]

호미 : 논이나 밭을 매는 데 쓰는 연장.

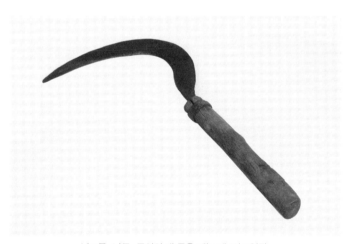

낫 : 풀·나무·곡식의 대 등을 베는 데 쓰는 연장.

를 사용했다. 제초 작업을 하는 데는 호미[鋤]를 사용했다. 여기서는 언급하지 않았지만 우마분을 운반하거나 펼쳐줄 때에도 농기구를 사용했을 것이며, 삼을 벨 때에는 낫을 사용했을 것이다.

삼의 재배 과정에서는 우마가 매우 중요했던 것으로 보인다. 우마분을 두 차례 시비하는 데서, 또 여러 차례 갈이 작업하는 데서 그렇게 추측된다. 삼의 재배에서는 우마를 보유한 농민이 상당히 우월한 지위를 가졌을 것으로 판단된다.

# 4
# 벼의 재배법[100]
## 한도(밭벼)를 덧붙임

○ 벼의 종자(볍씨)에는 이른 것(올벼)과 늦은 것(늦벼)이 있다. 갈고 씨를 뿌리는 법[耕種]에는 수경(水耕, 물갈이) 향명은 수사미(水沙彌, 무삶이),[101] 건경(乾耕, 마른 갈이) 향명은 건사미(乾沙彌, 건삶이),[102] 삽종(挿種) 향명은 묘종(苗種)이 있는데 제초(除草)하는 법은 대체로 모두 같다.[103]

○ 올벼의 수경법(무삶이). 추수 후에 수원(水源)이 연결되어 있는 비옥한 수전(水田)을 택한다.[104] 무릇 수전은 위쪽에서 물을 끌어올 수 있고 아래로 물을 뺄 수 있어서, 가물면 물을 대고 비가 오면 물을 뺄 수 있는 것이 으뜸이 된다. 웅덩이 아래에 위치해 물이 고이는 곳이 다음이 되는데,[105] 이러한 곳은 오래 비가 와 진흙이 섞여 흙탕물이 되면 볏모가 썩는다. 높은 지대로서 비가 오기를 기다려서 갈 수 있는 곳이 하등급이다.[106] [가을에] 갈고서[107] 겨울에

분(糞, 거름)[108]을 넣어준다. 정월에 얼음이 풀리면 갈고서[109] 분(糞, 거름)을 넣는다. 혹은 새 흙을 넣어도 역시 괜찮다.[110] 2월 상순에 다시 갈고서 목작(木斫) 향명은 소흘라(所訖羅, 써레)을 사용해 종횡으로 고루어[摩] 평평하게 만들며,[111] 다시 철치파(鐵齒擺) 향명은 수수음(手愁音, 쇠스랑)로 흙덩이를 깨뜨려 무르게(부드럽게) 한다.[112]

먼저(파종에 앞서) 볍씨를 물에 담가 3일이 경과한 뒤에 건져내서 호천(蒿篇) 향명은 공석(空石, 빈 섬) 안에 담아 따뜻한 곳에 두고서 자주 열어보아서 뜨지 않게 한다.[113] 싹이 2푼[分][114] 정도 나오면 수전에 고르게 뿌려주고[均撒],[115] 판로(板撈) 향명은 번지(翻地)[116] 혹은 파로(把撈) 향명은 추개(推介, 밀개)[117]를 사용해 볍씨를 [흙으로] 덮어준다. 물을 대고 새를 쫓는다. 싹이 날 때까지를 기한으로 한다.[118]

볏모에서 잎이 두 개 나오면 물을 빼고 손으로 김을 매준다.[119] 볏모가 약하기 때문에 호미를 사용할 수 없다. 그러나 물이 말라 흙이 딱딱하면 당연히 호미를 사용한다.[120] 볏모 사이의 작은 풀[細草]을 제거하고서 다시 물을 댄다. 매번 물을 빼고 김을 매며, 김매기를 마치면 물을 댄다. 볏모가 [어려서] 약할 때는 물을 얕게 대고, 볏모가 [성장해] 강할 때는 당연히 깊게 물을 댄다.[121] 만일 하천의 물이 연결되어 있어서 가뭄이 들어도 마르지 않는 곳이라면 매번 김매기를 마친 뒤에 물을 빼서 없도록 하고 볏모의 뿌리를 이틀간 햇볕에 쪼인 다음 다시 물을 댄다.[122] [이렇게 하면] 바람과 가뭄에 잘 견딘다.

볏모가 반 척(半尺, 반 자)[123] 정도 자라면 또 호미를 써서 김매기를 한다. 볏모가 강하기 때문에 호미를 사용할 수 있다. 김매기를 할 때 손으로 볏모 사이의 흙 표면을 주물러 부드럽게 한다.[124] 김매기는 서너 차례 한다. 벼 곡식의 성장은 오직 김매기의 공에 힘입는 것이다. 또한 올벼[早稻]는 성장이 빠르므로 조금이라도 늦추어서는 안 된다.[125]

장차 벼가 익어가면 물을 뺀다.[126] 물이 있으면 벼 익는 것이 늦어진다. 올벼는 벼 낟알이 잘 떨어지므로 익는 대로 베어야 한다.[127]


○ 늦벼의 수경. 정일 얼음이 풀리면 갈고 분(糞, 거름)이나 흙을 넣어주는데 올벼의 방법과 동일하다.[128] 올해에 흙을 넣으면 이듬해에 분을 넣어주거나 잡초를 넣어준다. 서로 교대로 한다.[129] 그 땅이 진창이거나,[130] 부허(浮虛)한 곳,[131] 혹은 물이 차가운 곳이라면 오로지 새 흙이나 풀흙[莎土, 떼흙]을 넣는다.[132] 척박한 곳이라면 우마분이나 연지저엽(連枝杼葉)[133] 향명은 가을초(加乙草, 갈초)을 깔아준다. 인분과 누에똥[蠶沙]도 역시 좋다.[134] 다만 많이 얻기가 어렵다.[135]

3월 상순에서 망종절(芒種節)까지 또 (한 번) 간다.[136] 대체로 절기보다 늦게 갈고 씨 뿌리면 부실(不實)하다.[137]

볍씨를 담그고[漬種], 볍씨를 뿌리고[下種], 볍씨를 덮어주고[覆種], 물을 대고[灌水], 김매기를 하는 것[耘法]은 모두 올벼의 방식과 같다. 6월 보름 전에 세 번 김매기를 하는 것이 으뜸이고, 6월 안에 세 번 김매기를 하는 것이 다음이며, 이에 미치지 못하는 것이 하급이다.[138]


○ 봄 가뭄으로 수경할 수 없으면 건경을 한다.[139] 오직 늦벼[晚稻]를 파종한다.[140] 건경하는 방법은, 갈고서 뇌목(檑木) 향명은 고음파(古音波,

곰방메)[141]을 사용해 흙덩이를 깨뜨려 부수고 또 목작 향명은 소흘라(所訖羅, 써레)으로 종횡 문지르면서 평평하고 곱게 한다.[142] 뒤에 볍씨 1두(1말)와 썩은 거름[熟糞][143] 혹은 오줌재[尿灰] 1석(=15두)의 비율로 섞는다. 오줌재를 만드는 법. 소 외양간 밖에 구덩이를 파고 오줌을 모은다. 곡식의 줄기 및 왕겨·쭉정이 등을 태워 재로 만들고 모은 구덩이의 오줌을 사용해 고르게 휘젓는다.[144] 족종(足種)을 하고[145] 새를 쫓는다. 볏모가 날 때까지를 기한으로 한다. 볏모가 성장하지 않으면[146] 물을 대서는 안 된다.[147] 잡초가 나면 비록 가물어 볏모가 마르더라도 김매기 하는 것을 멈춰서는 안 된다.[148] 옛말에 이르기를, "호미의 머리에 스스로 100그루의 벼가 있다"고 했다. 노농 역시 말하기를, "볏모는 사람의 공(功)을 안다"고 했다.[149]


○ 모내기를 하는 법[苗種法]. 수전으로 비록 가물더라도 마르지 않는 곳을 택해[150] 2월 하순에서 3월 상순에 간다. 매양 수전을 10분(分)으로 구분해서 1분의 공간에 볏모를 키우고[151] 나머지 9분의 공간에는 모를 심는다. 모를 찐(뽑은) 뒤에 못자리[養苗處]에도 모를 심는다.

먼저 못자리를 갈고 법대로 숙치(熟治)한[152] 뒤에 물을 뺀다. 연한 버드나무 가지를 꺾어[剉][153] 두껍게 깔고 발로 밟는다.[154] 햇볕을 쬐어 마르게 한 뒤에 물을 댄다.

먼저(이에 앞서) 볍씨를 물에 담갔다가 3일 만에 건져내서 호천 향명은 공석에 넣어 하루를 경과한 다음 파종한다[下種].[155] 파종한 뒤에 판로(板撈) 향명은 번지를 사용해 볍씨를 [흙으로] 덮는다.[156] 볏모가 한 움큼[一握][157] 이상 자라면 모내기할 수 있다.

먼저 모내기할 곳[苗種處]을 갈고 저엽(杼葉) 향명은 가을초(加乙草, 갈초)이나 우마분을 깔아준다. 모내기할 때에 임해 다시 갈고서 법과 같이 숙치해서 흙을 극히 부드럽게 만든다.[158] [이식할 때에는] 한 포기에 네다섯 개를 넘지 않게 볏모를 심는다.[159]

공석 : 곡식이나 사료 등을 갈무리하는 데 쓰는 짚으로 된 용기로 심이라ㅗㅗㅗ 한다.

뿌리가 흙에 내리지 않은 상태에서 물을 대는데 깊게 해서는 안 된다.[160] 이 이앙법은 제초하기에는 편리하나 만일 큰 가뭄을 만나면 실농하게 되므로 농가(農家)로서는 위험한 일이다.[161]

○ 벼의 종자는 매우 많으니 [재배법은] 내체로 모두 같다. 별도로 한 종자가 있으니 밭벼[旱稻] 향명은 산도(山稻)[162]라고 한다. 밭벼는 높은 지대와 물이 차가운 곳에 두루 적합하지만 그러나 크게 [토양이] 마르면 자라지 않는다. 2월 상순에 갈고, 3월 상순에서 중순까지 또 간다. 이랑[畝, 두둑]을 만들고[163] 족종을 하며[164] 그다음에 이랑의 등[둔덕]을 발로 밟아서 굳게 해준다.[165] 김매기할 때 볏모 사이의 흙을 없애주되 북을 주지 않는다.[166]

땅이 만약 척박하다면 숙분 혹은 오줌재와 섞어 파종한다.[167]

혹은 밭벼 2푼[2分], 피[稷] 2푼, 팥[小豆] 1푼을 서로 섞어 파종한다.[168] 대개 잡종(雜種)의 방법이다.[169] 해마다 홍수와 가뭄이 있고, 9곡이 해마다 적합한 것이 다르기 때문에[170] 교종(交種)을 하는데[171] 이렇게 하면 전실(全失)에 이르지는 않는다.[172]

○ 만약 초목이 무성하고 **빽빽한 곳을**[173] 새로 개간해 논[水田]으로 만들고자 하면 불을 질러 태우고 나서 갈며,[174] 3~4년 뒤에 흙의 성질을 살펴보고 분(糞, 거름)[175]을 쓴다.[176]

○ 만약 지대가 낮고 물이 고여 축축한 황무지의 경우는 3~4월 사이에 물풀[水草]이 성장했을 때 윤목을 써서 풀을 죽이고[177] 흙의 표면이 부드럽게 익은[融熟] 것을 기다린 뒤에[178] 늦벼를 뿌린다.[179] [씨를 뿌린 뒤] 또 땔나무[柴木, 섶나무] 두세 개를 [하나로] 묶어서 소를 부려 끌게 해 종자를 덮는다.[180] 이듬해에 뇌(耒) 향명은 지보(地寶, 따비)[181]를 사용할 수 있으며,[182] 3년째에 우경(牛耕, 소 쟁기질)을 할 수 있다.[183] 낭유(稂莠, 잡초)[184]가 생기지 않아 김매기의 공을 크게 덜 수 있다.[185]

윤목을 만들고 사용하는 법. 단단하고 강한 나무를 쓰는데 길이는 4척 정도로 하고, 오각의 형태로 만든다.[186] [오각기둥의] 양쪽 머리에 나무 고리를 끼우고 줄로 고리와 연결한다. 아동을 시켜서 안장 갖춘 소 혹은 말을 타게 하며, 고리와 연결한 줄을 안장 후교(後橋) 향명은 북지(北枝)의 양쪽에 연결한다. 우마가 가면 오각기둥의 윤목이 저절로 회전해서 풀을 죽이고 흙덩이를 부순다.[187]

만약 심한 수렁이어서 사람과 소가 빠져 들어가 밟을 수 없는 땅이라면,[188] 도리깨[栲栳] 향명은 도리편(都里鞭)[189]를 사용해 풀을 죽인다. 볍씨

를 뿌리는 법은 앞의 방법과 같다.[190]

種稻 附早稻

○ 稻種 有早有晚 耕種法 有水耕 (鄕名 水沙彌) 有乾耕 (鄕名 乾沙彌) 又有挿種 (鄕名 苗種) 除草之法 則大抵皆同

○ 早稻 秋收後 擇連水源肥膏水田 (凡水田 上可以引水 下可以決去 旱則灌之 雨則洩之者 爲上 涔下渟水處 次之 然久雨泥渾 則苗腐 高處須雨而耕者 斯爲下矣) 耕之 冬月入糞 (正月氷解 耕之入糞 或入新土 亦得) 二月上旬 又耕之 以木斫 (鄕名 所訖羅) 縱橫摩平 復以鐵齒擺 (鄕名 手愁音) 打破土塊令熟 先以稻種漬水 經三日漉出 納蒿篅中 (鄕名 空石) 置溫處 頻頻開視 勿致鬱浥 芽長二分 均撒水田中 以板撈 (鄕名 翻地) 或把撈 (鄕名 推介) 覆種 灌水驅鳥 (苗生爲限) 苗生二葉則去水 以手耘 (苗弱不可用鋤 然水渴土强 則當用鋤) 去苗間細草 訖又灌水 (每去水而耘 耘訖灌之 苗弱時宜淺 苗强時宜深) 如川水連通雖旱不渴處 則每耘訖 決去水曝根 二日後 還灌水 (耐風與旱) 苗長半尺許 又耘以鋤 (苗强可以用鋤) 耘時 以手按軟苗間土面 耘至三四度 (禾穀成長 唯賴鋤功 且早稻性速 不可小緩) 將熟去水 (有水則熟遲) 早稻善零 隨熟隨刈

○ 晚稻水耕 正月氷解耕之 入糞入土 與早稻法同 (今年入土 則明年入糞 或入雜草 互爲之) 其地或泥濘 或虛浮 或水冷 則專入新土 或莎土 堉薄 則布牛馬糞及連枝杼葉 (鄕名 加乙草) 人糞蠶沙亦佳 (但多得爲難) 三月上旬至芒種節 又耕

之 (大抵節晚耕種者 不實) 漬種 下種 覆種 灌水 耘法 皆與早稻法 同 (六月望前
三度耘者 爲上 六月內三度耘者 次之 不及此者 爲下)


○ 春旱不可水耕 宜乾耕 (唯種晚稻) 其法 耕訖以橉木 (鄕名 古音波) 打破土塊
又以木斫 (鄕名 所訖羅) 縱橫摩平熟治 後以稻種一斗 和熟糞或尿灰一石爲度
(作尿灰法 牛廏外作池貯尿 以穀秸及糠秕之類 燒爲灰 用所貯池尿 拌均) 足種驅鳥
(以苗生爲限) 苗未成長 不可灌水 雜草生 則雖旱苗槁 不可停鋤 (古語曰 鋤頭自
有百本禾 老農亦曰 苗知人功)


○ 苗種法 擇水田 雖遇旱不乾處 二月下旬至三月上旬可耕 每水田十分以一
分養苗 餘九分 以擬栽苗 (拔苗訖 幷栽養苗處) 先耕養苗處 如法熟治去水 到柳
枝軟梢厚布 訖足踏之 曝土令乾 後灌水 先漬稻種三日 漉入蒿篅 (鄕名 空石)
經一日 下種後 以板撈 (鄕名 翻地) 覆種 苗長一握以上 可移栽之 先耕苗種處
布秄葉 (鄕名 加乙草) 或牛馬糞 臨移栽時 又耕之 如法熟治 令土極軟 每一科栽
不過四五苗 根未着土 灌水不可令深 (此法 便於除草 萬一大旱 則失手 農家之危
事也)


○ 稻種 甚多 大抵皆同 別有一種 曰旱稻 (鄕名 山稻) 偏宜於高地及水冷處
然土大燥則不成 二月上旬 耕之 三月上旬 至中旬 又耕之 作畝足種 訖踏畝背
令堅 耘時 去苗間土 勿擁 地若堉薄 和熟糞 或尿灰種之 或旱稻二分 稷二分
小豆一分 相和而種 (大抵雜種之術 以歲有水旱 九穀隨歲異宜 故交種 則不至全失)

○ 若新墾草木茂盛處 爲水出者 火而耕之 三四年後 審其土性 用糞

○ 若沮澤潤濕荒地 則三四月間 水草成長時 用輪木殺草 待土面融熟 後下晚稻種 又縛柴木兩三箇 曳之以牛 覆其種 至明年 可用未 (鄕名 地寶) 三年 則可用牛耕 (稂莠不生 大省鋤功) 其輪木之制 用堅强木 長可四尺 爲五銳隅 兩頭貫木環 以繩繫環 令兒童騎粍鞍牛或馬 以繫環繩 結鞍後橋 (鄕名 北枝) 兩旁 牛馬行 則其輪木五銳隅自回轉 殺草破塊 若沮甚 人牛陷沒 不可人踏之地 用栲栳 (鄕名 都里鞭) 殺草 下種 一如前法

벼는 조선 초 널리 재배했으며 국가 재정의 기초를 제공하는 중요한 작물이었다. 농업을 수전 농업과 한전 농업으로 분류할 때 수전 농업을 더 중시했다. 작물을 기준으로 본다면 벼의 재배가 양적으로나 질적으로 가장 중요했다고 볼 수 있다. 밭에는 다양한 작물을 재배하기 때문에 단일 작물로서는 벼가 으뜸가는 지위를 점할 수밖에 없다. 그리고 쌀은 당시인들이 가장 선호하는 양질의 먹거리이기도 했다. 『농사직설』에서도 식량 작물 가운데 가장 먼저 벼 재배를 수록하고 있으며 서술한 내용의 분량도 가장 많다.

벼는 보통 담수 상태의 논에서 재배하며, 밭작물에 비해 물을 많이 필요로 한다. 관개수에 의해 양분을 공급받고 온도 조절이 용이하다. 또한 관개수는 잡초와 병충해 발생을 감소시키고, 토양 중의 양분 분해를 억제한다.

우리나라는 벼농사에 유리한 기상 조건을 갖추었다. 여름철 기온이 높고 비가 많이 내리는 것이 벼농사에 적합한 점이다. 그리고 벼가 익어갈 때 일조 상태가 양호한 점도 유리하게 작용한다.

직파법에 의해 재배하면 어린 모를 충분히 보호하기 어렵다. 발아가 고르지 않고 재식 밀도가 균일하지 않으며, 잡초 방제에 많은 노력이 필요하다. 또한 쓰러지기 쉬운 단점이 있다.

벼 재배를 중시했음은 국가의 조세제가 수전(水田) 중심으로 운영된 데서 분명하게 알 수 있다. 조세 징수는 쌀을 기준으로 했으며, 한전에서의 조세는 잡곡이나 황두로 징수했다. 잡곡이나 황두는 쌀 가치의 1/2로 평가했다. 쌀의 사회적 가치가 한전 작물의 두 배가 됨을 알려준다. 또한 '한전의 소출이 수전에 미치지 못한다[旱田所出 不及於水田]'[191] 고 해서 수전의 소출을 한전의 그것보다 많다고 인식했다.

수전에서 파종한 종자 대비 소출이 한전보다 훨씬 많았음은 자료에서 확인할 수 있다. 세종 12년(1430) 8월 하연(河演)은 경상도와 전라도 연해 수전의 경우, 벼 종자 1, 2두를 뿌리면 소출이 10여 석(=150두 이상)에 이른다고 했고, 유계문(柳季聞)은 경상도와 전라도 연해의 수전(水田)에서 벼 종자 1, 2두에 소출이 거의 10석(=150두)에 이른다고 언급했다.[192] 경상도·전라도 연해의 비옥한 수전에서 종자 대비 소출은 75배에서 150배에 달한다는 것이다. 반면 한전에서는 종자 대비한 소출의 양이 훨씬 낮은 것으로 보인다.[193]

국용(國用)은 수전을 주로 하고, 민식(民食)은 한전의 수확물을 중심으로 한다는 표현은 조선 초 자주 볼 수 있다. 세종대 국왕과 신료들의 대화 가운데, '국용은 수전을 중히 여기고 민식은 한전을 중히 여긴다[國用則水田爲重 民食則旱田爲重]'[194]라는 지적이 그것이다. 백성들이 먹는 것은 한전 생산물을 위주로 함을 알 수 있다. 반면 국가의 재정 운영은 수전을 중심으로 하는 것이며, 이것은 곧 벼(쌀)를 위주로 한다는 의미다. 그만큼 국가의 재정 운영에서는 수전이 중요했다. 그리하여 농사는 수전을 중심으로 한다는[農事以水田爲主] 표현이[195] 나오는 것이다.

국가의 재정 원천으로 하삼도를 주목하는 것은 하삼도의 전체 경지 면적이 많은 것도 한 원인이겠지만, 경지 가운데 수전의 비율이 높았던 것이 더욱 중요한 요인이었다.

벼의 재배 지역은 전국에 걸쳐 있었다. 전국 334개 군현 가운데 278개 군현에서 재배했다. 83.23%를 차지한다. 도별로 보면, 경상도와 경기는 모든 군현에서 재배하고 있으며, 반면 가장 적게 재배하는 도는 평안도와 강원도이지만, 그럼에도 모두 50% 이상의 군현에서 재배하고 있다(〈표 2〉 참조).

벼농사는 대부분 수전에서 이루어졌다. 그러므로 수전의 결수는 곧

〈표 2〉『세종실록지리지』의 도별 벼 재배 군현 수 및 백분율[196]

|  | 경상도 (66) | 전라도 (56) | 충청도 (55) | 경기 (41) | 강원도 (24) | 황해도 (24) | 평안도 (47) | 함길도 (21) | 계 (334) |
|---|---|---|---|---|---|---|---|---|---|
| 稻 (벼) | 66 (100.0) | 53 (94.64) | 48 (87.27) | 41 (100.0) | 14 (58.33) | 18 (75.0) | 24 (51.06) | 14 (66.66) | 278 (83.23) |

벼를 재배하는 농지의 규모를 나타낸다고 할 수 있다.[197] 조선 초 농지의 구성을 보면, 수전과 한전 가운데 한전이 압도적인 비중을 차지하는 것으로 나온다. 수전이 전체 농지 가운데 27.98%를 차지하고 있어, 한전보다 월등히 낮다.[198] 수전이 30%에도 미치지 못함은 고려 말 왜구로 인해 해안가 수전이 방기된 결과로 보인다. 그것을 고려하더라도 한전의 비중이 매우 높았음은 분명해 보인다. 그럼에도 벼가 국가 재정상 가장 중요했으므로 국가의 농업정책은 늘 수전을 중심에 두고 펼쳐졌다.

조선 초 수전의 확대에 많은 노력을 기울였으며, 수전 농업의 안정화를 위한 제언(堤堰)과 천방(川防) 등 수리시설의 축조에도 깊은 관심을 가졌다.[199] 많은 소출을 내는 종자, 병충해와 풍해에 강한 종자, 한재(旱災)나 수재(水災)에 잘 견디는 종자, 늦게 파종해 일찍 수확하는 벼 종자에 대한 관심이 매우 컸다. 양질의 벼 종자라 할지라도 토양과 기후 조건이 상이하면 기대하는 결실을 맺지 못하는 수가 많았다.

평안도와 함경도에 사민을 적극 실시해 양계 지역의 농지 개간에 힘을 기울였는데, 특히 수전의 확대에 관심이 컸다. 문종이 승지(承旨) 등에게 양계에서의 수전 확대의 중요성을 지적했다. 우리나라 하삼도는 수전이 많고 한전이 적으며 양계는 한전이 많고 수전이 적다는 것, 매양 수한(水旱)을 만나면 하삼도는 해를 심하게 입지 않으나 양계는 기근에 이른다는 것 등을 지적했다. 그리고 양계의 민은 습관적으로 한전을 경작하고 있으며, 수전을 경작하는 수고를 꺼려한다고 보았다. 결론적으로 양계에서 수전을 만들 만한 곳이 있음에도 수전을 만들지

않아 기근에 이르니 심히 애석하다는 것이다.[200] 국왕이 양계의 수전 확
대에 깊은 관심을 기울였음을 알 수 있다.

동일한 수전이라 하더라도 하삼도의 수전이 더욱 비옥했다. 하삼도
의 수전은 비옥한 땅이 많고 척박한 땅이 적으며 경기와 황해도 수전은
비옥하고 척박한 것이 서로 반씩이고, 강원도·함길도·평안도 수전은
척박한 땅이 너욱 많았다는 지적이 보인다.[201]

동일한 벼라 하더라도 지역에 따라 쌀의 질에서는 편차가 컸다. 세종
12년(1430) 2월, 박연(朴堧)의 발언 중에, 남방의 쌀은 광윤(光潤)하고
비대(肥大)하며, 경기의 쌀은 고조(枯燥)하고 가늘고 길며, 동북에서는
더욱 가늘고 길다는 지적이 보인다.[202]

좋은 벼 품종을 발견하면 그것의 보급을 위해 노력했다. 바람에 잘
쓰러지지 않는 벼 품종의 확대에 힘쓴 모습에서 그런 사실을 확인할 수
있다. 세종 19년 11월, 이성현감(利城縣監) 전강(全强)은 바람을 두려워
하는 벼 품종이 있고 바람을 두려워하지 않는 벼 품종이 있다고 언급했
다. 전강 본인이 농장에서 바람을 두려워하지 않는 벼를 파종해 시험해
보니 타인의 벼와 달리 곡식이 잘 익었다는 것이다. 이에 국왕이 내풍
도종(耐風稻種)을 관가에서 파종 시험해보고 아뢰도록 지시했다.[203] 바람
에 강한 벼 품종에 대한 관심을 확인할 수 있고, 시험 재배한 뒤에 전국
으로 보급하고자 하는 의도를 읽을 수 있다. 그리고 해안가 수전의 개발
이 성행했기 때문에 염도가 높은 지방에서 재배할 수 있는 도종(稻種)이
주목을 끌기도 했다.[204]

동일한 벼라고 해도 각 지역에 최적화되어 있는 품종이 많았으므로

타 지역으로 그것을 옮겨서 재배하는 것이 늘 성공하지는 못했다. 벼의 우수성이 입증되었다 하더라도 다른 지역에서의 작황을 보장하는 것은 아니었다. 동일한 벼 종자도 지역을 벗어나면 적합하지 않은 경우도 있었다. 전라도의 도종이 경기·황해도·평안도에 적합하지 않기 때문에 충청도의 도종을 옮겨 사용해야 한다는 것은[205] 그러한 사정을 나타낸다. 수확이 많고 품질이 좋을지라도 전라도의 도종을 경기나 황해도·평안도 등 북쪽에서 재배하는 것은 적합하지 않다는 지적이다. 대개의 작물도 비슷한 양상을 띠었을 것이다. 각 지역에 최적화된 종자라도 다른 지역에서 재배하는 데 적합하지 않을 때가 많았다.[206] 그러므로 동일 종자를 다른 지역으로 옮겨 재배하는 경우 성공을 거두기 어려울 수도 있었던 것이다.

### 벼의 종자와 재배법 유형

벼의 품종에는 이른 것과 늦은 것이 있다. 즉 일찍 파종하는 올벼와 늦게 파종하는 늦벼가 있었다. 봄철 수리 조건이 양호하다면 올벼를 심는 것이 유리하고, 반면 수리 상황이 여의치 못하면 늦벼를 파종했다.

재배법에는 수경(水耕, 무삶이, 수사미)·건경(乾耕, 건삶이, 건사미)·묘종(苗種, 삽앙, 이앙법) 등이 있는데 제초하는 방법은 대개 동일하다. 결국 물이 있는 상태에서 파종하는 것, 물이 없는 마른 상태에서 파종하는 것, 모내기를 하는 것 등 세 가지의 재배법을 제시하고 있다. 물 공급 상태에 따라 서로 다른 재배법을 활용한 것이다. 수리가 가장 안정적인 수전에서는 이앙법을 사용하고, 그다음은 수경이고, 가장 여의치 못할 때에는 건경의 방식으로 벼를 재배했다.

### 올벼의 수경법

올벼는 추수 후에 수원(水源)이 연결되어 있는 비옥한 수전을 택해서 간다. 수전은 위에서 물을 끌어올 수 있고, 아래로 물을 뺄 수 있어서, 가물면 물을 대고, 비가 오면 물을 뺄 수 있는 것이 가장 좋다. 웅덩이 아래 물이 고여 있는 곳, 즉 지대가 낮고 물이 잘 빠지지 않는 곳이 다음인데, 이런 곳은 오래 비가 와서 진흙탕이 되면 벼의 모가 썩게 된다. 이른바 습답(濕畓)을 가리킨다. 습답은 유기물과 거름이 잘 분해되지 않으며, 공기의 유통이 나쁘다. 기온이 낮아 유해물질이 생길 우려가 있다. 가장 나쁜 수전은 지대가 높아 비가 오기를 기다려서 경작하는 천수답이다.

결국 필요할 때 언제든지 물을 대고 뺄 수 있는 수전이 가장 좋은 곳이며, 최악은 비가 와야 경작할 수 있는 천수답이다. 지대가 낮아 물이 고여 있는 곳도 중간은 가지만 너무 비가 오래 와 흙탕물이 되면 벼의 모가 썩게 된다. 역시 수전은 물의 안정적 공급과 배출이 가장 중요한 조건이다.

가을에 갈고 겨울철에 거름[糞]을 넣는다. 가을에 갈이를 하지 못하면 정월 얼음이 풀리면 갈이하고서 거름을 넣는다. 2월 상순에 또다시 갈이하고서, 써레를 종횡으로 움직여 흙덩이를 부수고 평평하게 해준다. 다시 쇠스랑을 사용해 남아 있는 흙덩이를 부숴 농사짓기에 부드러운 좋은 땅으로 만든다. 토양의 입자가 작고 고르며 연하고 부드럽도록 하는 것이다. 높고 깊은 곳이 없도록 논 고르기를 잘해야 한다. 이렇게 잘 정리된 경지 상태에서 볍씨를 파종한다.

벼의 종자는 물에 담갔다가 3일이 지났을 때 건져내서 빈 섬에 담아 따뜻한 곳에 두고서 자주 열어보아 뜨지 않도록 한다. 물기가 많은 상태에서 따뜻한 곳에 두면 벼가 썩거나 발효해 뜰 수 있기 때문이다.

벼 싹이 2푼 정도 자랐을 때 잘 정돈된 수전에 고르게 뿌려준다. 싹을 틔워서 논 표면에 뿌리는 것이다. 이후의 김매기 작업 편의성을 생각한다면 흩어뿌리기[散播]보다는 줄뿌리기[條播]의 가능성이 커 보인다. 직파를 하는 경우, 재식 밀도가 균일하지 않으며, 발아가 고르지 않을 위험성이 있다.

고르게 뿌려준 볍씨를 번지나 밀개[把撈, 推扴, 고무래]를 이용해 복토해준다. 이렇게 한 뒤에 물을 대주고 새가 볍씨를 먹지 못하도록 쫓아준다. 볍씨를 고르게 뿌리는 작업이 만만치 않았을 것이다. 노련한 농부가 아니면 쉬운 일이 아니다.

벼의 낟알은 새가 좋아하기 때문에 새를 쫓지 않으면 발아율이 현저하게 떨어질 수밖에 없다. 그러나 벼 싹이 나오면 새가 먹지 않기 때문에 그때까지만 새를 쫓으면 된다. 볍씨를 뿌릴 때는 물을 대지 않은 상태이고, 파종한 뒤 복토하고 나서 비로소 물을 대주는 것이다.

벼 싹에서 잎이 두 개 나오면 물을 빼고 손으로 심매기를 한다. 아직은 벼가 어리고 약하기 때문에 호미를 사용할 수 없다. 그렇지만 물이 말라 흙이 딱딱하면 호미를 사용할 수밖에 없다. 손으로 김매기를 하면서 볏모 사이의 작은 풀을 없애주고 그렇게 한 뒤 다시 물을 대준다.

번지 : 써레질을 한 뒤에 번지치기라 하여 써렛발에 보통 긴 네모꼴의 널판을 대어서
사용한다.

매양 물을 빼고 김매기 하며, 김매기가 끝나면 물을 댄다. 볏모가 어리
고 약할 때에는 물을 얕게 대주고, 볏모가 자라 강하게 되면 깊게 물을
대준다. 김매기 작업을 할 때 볏모가 조밀하면 솎아내기를 했을 것이
고, 반대로 볏모가 부실한 곳에는 보식이 있었을 것이다.

만약 하천수가 연결되어 있어서 가뭄이 들어도 마르지 않는 조건이
라면, 즉 항상 필요할 때 물을 댈 수 있는 상황이라면, 김매기 할 때마
다 물을 빼고 뿌리를 햇볕에 쬐이고, 이틀 뒤 다시 물을 대준다. 이렇게
하면 뿌리가 튼튼해져서 바람이나 가뭄에 잘 견딜 수 있다.

볏모가 반 자 정도 자라면 호미를 사용해 김매기를 한다. 볏모가 이

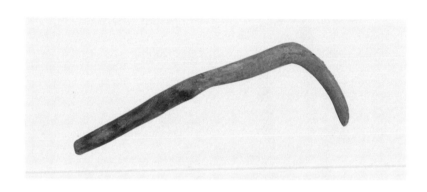

고무래 : 논이나 밭의 흙을 고르거나, 씨 뿌린 뒤 흙을 덮을 때, 또는 곡식을 모으거나 펴는 데 쓰는 연장. 작은 것은 '고래당그래'라 하여 아궁이의 재를 쳐내기도 한다.

정도로 성장하면 볏모가 강하기 때문에 호미를 사용할 수 있다.

김매기는 서너 차례 한다. 올벼는 성장이 빠르기 때문에 김매기를 조금도 늦춰서는 안 된다. 벼의 성장은 김매기를 잘하는가 여부에 달려 있다고 하는 만큼 논농사에서 김매기는 매우 중요하다. 김매기를 할 때 잡초만 제거하는 것이 아니라 볏모 사이의 흙 표면을 비벼서 부드럽게 해주는 것이 바람직하나.

벼가 익어가면 물을 빼주는데, 물이 있으면 더디 익기 때문이다. 올벼는 낟알이 잘 떨어지므로 익는 대로 베어야 한다. 즉시 베어야 함을 강조한 것이다.

시비를 살펴보면, 겨울철에 분(糞, 거름)을 넣는다고 했다. 거름은 새 흙을 넣는 것도 좋다고 했다. 이른바 객토인 것이다. 분의 실체는 명확하지 않지만, 우마분이나 인분으로 여겨진다.

농기구를 보면, 갈이 작업이 있는 것으로 보아 쟁기를 사용했음을 알 수 있다. 갈이 작업이 두 차례 이루어지는 것으로 보아, 쟁기가 갖는 중요성을 확인할 수 있다. 흙덩이를 부수고 평평하게 하는 농기구로 써레가 보이며, 흙덩이를 부수고 흙을 부드럽게 만드는 농기구로 쇠스랑이 확인된다. 종자를 담아 싹을 틔우는 도구로 빈 섬이 있다. 파종한 종자를 복토하는 농기구로 번지와 밀개가 있고, 김매기 하는 농기구로 호미가 보인다.

올벼의 수경법을 가장 먼저 서술한 것으로 보아, 그것이 가장 권장되고 보편화된 벼 재배법이었음을 추측할 수 있다.

## 만도수경

늦벼의 수경은 정월 얼음이 풀리면 갈고서 거름[糞]과 흙[土]을 넣어주는데 올벼의 방법과 동일하다. 올벼의 경우 가을에 갈이 작업을 하고 겨울에 거름을 넣어주는데, 그것이 여의치 못한 경우 정월에 얼음이 풀리면 분(糞)이나 신토(新土)를 넣어준다. 올해에 흙을 넣었으면 이듬해에는 거름을 넣거나 잡초(雜草)를 넣어준다. 해마다 바꾸어준다. 즉 올해 흙을 넣었으면 다음에 거름(또는 잡초)을, 올해 거름(또는 잡초)을 넣었으면 이듬해에 흙을 넣는 방식이다.

땅이 진흙구덩이[泥濘]인 경우, 헤식은[虛浮] 경우, 물이 찬 냉수답(冷水畓)의 경우에는 거름(또는 잡초)을 넣지 않고 오로지 새 흙이나 사토(莎土, 떼흙)를 넣는다. 흙을 넣어줌으로써 진흙의 땅을 농경에 편리한 토지로 만들고, 헤식은 땅을 양질의 토양으로 만들며, 물이 찬 농지도 그 정도를 완화하는 것이다.

척박한 경우에는 우마분과 갈초[連枝杼葉, 加乙草]를 넣는데, 인분이나 잠사(蠶沙)도 괜찮다. 척박한 수전에 우마분·갈초·인분·잠사를 넣어 양질의 농지로 만든다. 인분이나 잠사는 많이 확보하기가 어렵다.

정월 얼음이 풀렸을 때 간 다음 다시 3월 상순에서 망종절(芒種節, 양력 6월 6일 무렵) 사이에 또 간다. 대개 절기보다 늦게 갈고 파종하면 소출이 부실하게 된다. 제때에 갈고 파종하는 일이 중요함을 지적한 것이다.

종자를 물에 담갔다가 꺼내 싹을 틔운 뒤 정돈된 농지에 흩어 뿌리고 복토하는 것이나 김매기 등의 작업은 올벼와 동일하다. 다만 시점이 늦다. 올벼는 2월 상순을 지난 멀지 않은 시점에 파종하지만, 늦벼는 3월 상순에서 망종 사이에 파종한다. 한 달 이상의 차이가 있다.

종자를 담그는 것[漬種], 파종하는 것[下種], 종자를 덮는 것[覆種], 물을 대는 것, 김매기 하는 것[耘法]은 모두 올벼의 방식과 동일하다. 결국 담수 상태에서 발아하고 성장한다. 올벼와 마찬가지로 조파(條播, 줄뿌리기)했을 것이다.

6월 보름 이전에 세 번 김매기 하는 것이 으뜸이고, 6일 인에 세 번 김매기 하는 것이 다음이며, 이에 미치지 못하는 것이 가장 나쁘다. 결국 6월 보름 이전에 서둘러 세 차례 김매기를 해야 좋다는 것이다. 김매기가 늦을수록 좋지 않음을 지적했다.

시비법에 대해서는 올벼보다 다양한 언급이 이루어지고 있다. 올벼에서는 분(糞)과 토(土)만 언급한 데 비해 잡초·사토를 언급하고 있으며, 척박한 경우 우마분이나 연지저엽(가을초), 인분과 잠사를 언급하고 있다. 농지의 비옥도가 떨어지는 수전에서 늦벼를 재배하기 때문에 다양한 양질의 시비를 언급한 것이다.

다만 늦벼의 경우, 농지 조건이 열악한 곳을 언급하는 것으로 보아 수전으로서의 조건이 양호하지 않은 곳에서 흔히 재배한 것으로 보인다. 진흙구덩이, 혜식은 땅, 물이 차가운 곳에서 재배하는 것, 그리고 척박한 땅에 거름을 넣고서 재배하는 것을 언급하고 있다. 결국 늦벼는 올벼보다는 등급이 떨어지는 수전에서 재배한 것으로 보인다.

농기구는 농작업이 동일하기 때문에 올벼에서 확인된 것을 그대로 사용했음을 알 수 있다.

조선 초 늦게 파종해 일찍 수확하는 벼 종자는 매우 선호되었다. 그
품종으로 오십일조(五十日租)[207]·오십일도(五十日稻)[208]가 확인된다. 오십
일조는 50일이 되면 익는다. 가뭄을 만나면 경종하지 못하다가 5월에
이르러 비가 오면 오십일조를 파종해 수확할 수 있다. 봄에 가뭄이 들
다가 뒤늦게 비가 오는 경우 오십일조를 재배하면 수확을 얻을 수 있
다. 짧은 기간 안에 생장해 수확할 수 있기 때문에 가능한 것이다. 오
십일조 이외에도 구황조종(救荒租種)이 있다고 한다.[209] 구황조종 역시
가뭄에 강한 종자로 판단된다.[210] 이러한 벼 품종은 만도수경(晚稻水耕,
늦벼 수삶이)의 재배법을 택했을 것이다.

### 건경

벼농사는 기본적으로 수경을 바람직한 것으로 보고 있다. 그러나 물
공급 사정이 여의치 못한 경우 건경(乾耕, 건삶이)을 한다. 건경은 볍씨
를 물이 없는 밭과 같은 상태에서 파종하여 밭벼처럼 재배하다가 장마
철이 되면 물을 넣어서 논벼처럼 재배하는 것이다.

건경은 봄철 가뭄이 들 때의 벼 재배법이다. 봄에 가뭄이 들어 수경
을 할 수 없을 때 건경을 한다. 건경은 비를 기다리다 하게 되므로 늦벼
를 재배하게 된다.

수전을 갈고서 곰방메를 사용해 흙덩이를 부수고 또 써레로 종횡으
로 문지르면서 입자를 고르고 잘 다듬어 평평하게 한다. 수선이지만 물
기가 없는 맨 흙을 곱게 다듬어 평평하게 정지 작업을 한다. 마른 논이
이러한 작업을 통해 부드러운 흙이 되어 평평하게 만들어졌을 것이다.

늦벼 종자 1말[斗]과 숙분 혹은 요회를 1석의 비율로 섞어서 뿌린다. 늦벼 종자 1두, 숙분(또는 요회) 15두(1석)의 비율로 섞는 것이다. 분회가 벼 종자보다 훨씬 많이 포함되었다.

요회(오줌재)를 만드는 법은 다음과 같다. 소 외양간 밖에 구덩이를 파고서 오줌을 저장하고, 곡식의 줄기나 왕겨·쭉정이 등을 태워 재로 만들어서, 구덩이에 저장한 오줌과 고루 섞는다. 결국 소의 오줌과 곡식 부산물의 재를 섞어 버무려서 오줌재를 만드는 것이다. 오줌재는 매우 양질의 거름이 된다.

숙분(또는 요회)과 섞은 늦벼 종자를 발꿈치로 자국을 내고 거기에 넣고 발로 흙을 덮는 이른바 족종을 한다. 일정한 간격에 볍씨를 넣어 파종하는 것이다. 점뿌리기라고 할 수 있다. 복토 후 발로 밟아 눌러줌으로써 보수력(保水力)을 높인다. 볍씨에 숙분이나 오줌재가 섞여 있으므로 파종한 종자는 거름의 양분과 수분을 흡수해 발아할 수 있었을 것이다. 자국마다 넣는 볍씨의 양은 일정하기 어려울 것이다. 이렇게

곰방메 : 흙덩이를 깨뜨리거나 골을 다듬으며, 씨 뿌린 뒤 흙을 고르는 데 쓰는 연장.

개상 : 곡식의 낟알을 떨어내는 탈곡 기구. 적당한 크기의 넓적한 돌(탯돌)을 얹어 여기에 볏단이나 보릿단을 힘껏 내리쳐서 곡식의 낟알을 떨어낸다.

파종한 뒤에 새가 볍씨를 먹지 못하도록 쫓는 일을 한다. 역시 볏모가 날 때까지 새를 쫓는다. 볏모가 나면 새가 먹지 않기 때문이다.

볏모가 성장하지 않으면 물을 대서는 안 된다. 물을 대지 않은 건답 상태에서 발아하는 것이다. 벼가 싹이 나와 어느 정도 성장했을 때 물을 대줘야 한다. 그렇지만 잡초가 날 경우 비록 가물어 볏모가 마르더라도 호미질을 멈춰서는 안 된다. 옛말에 이르기를, "호미의 머리에 백 그루의 벼가 있다"고 하며, 노농 역시 "볏모는 사람의 노력하는 공을 알아준다"고 했다. 김매기의 횟수는 기록하고 있지 않지만 아마 조도·만도의 수경과 비슷하게 3~4회 정도 했을 것으로 추측된다. 신경에서도 김매기는 매우 중요한 작업이었다.

시비법을 살펴보면, 벼를 재배하는 논에 직접 거름을 주는 것이 아니

오지장군 : 물·술·간장·오줌 따위를 담는 데 쓰는 그릇(출처 : 농촌진흥청 홈페이지). 지게에 지기 편리
하도록 만든 용구의 일종이다.

라 종자와 섞는 방식으로 거름을 공급했다. 즉 숙분(또는 요회)과 볍씨
를 섞어 파종하기 때문에 시비가 동반되었다.

사용한 농기구를 살펴보면, 흙덩이를 부수는 곰방메가 보이고, 흙을
고르게 하고 평평하게 하는 도구로 써레가 있다. 김매기에 사용하는 호
미도 확인할 수 있다. 갈이 작업이 있기 때문에 쟁기도 사용했을 것이
다. 숙분이나 오줌재를 담는 용기로 장군이나 삼태기도 사용했을 것이
고, 벼를 베는 도구로 낫도 당연히 활용했을 것이다. 타작하는 도구로
탯돌이나 개상도 있었을 것이다.

묘종법: 모내기

벼 재배 방식으로 묘종법(이앙법)도 언급하고 있다. 모내기를 통한 벼

농사의 장점으로는, 어린 모가 좁은 면적의 못자리에서 생육되기 때문에 집약적인 관리·보호를 받을 수 있는 것, 본 논에 물을 대는 기간이 단축되어 관개수를 절약할 수 있는 것, 일정한 간격으로 모를 심기 때문에 본 논의 재배 관리가 쉬운 것, 본 논 관리를 집약적으로 수행함으로써 단위면적당 수확량을 높일 수 있는 것 등을 들 수 있다. 그리고 김매기의 횟수를 줄여주며, 파종에 필요한 곡식을 절약할 수 있다.

이앙법은 수리시설이 뒷받침되지 않으면 실현할 수 없는 재배법이다. 모내기할 때 수전에 물이 제대로 공급되지 않으면 모내기가 불가능하기 때문이다. 모내기할 논은 써레질을 할 때 높고 깊은 곳이 없도록 논 고르기를 잘해야 한다. 써린 다음 흙탕물이 가라앉기 전에 모를 낸다. 모내기할 때는 물을 얕게 댄 후 모를 가지런히 맞추어 2~3cm 깊이로 얕게 심어야 새 뿌리가 빨리 내리고 분얼(分蘗)을 많이 한다.

『조선왕조실록』에서도 이앙법과 관련한 내용이 여럿 확인된다.[211] 태종 14년(1414) 6월, 경상도의 민인이 여름에 도묘(稻苗)를 옮겨 심는데, 만약 한건(旱乾)을 만나면 완전히 실농하게 되니, 내년부터는 일절 금하도록 한다는 것이 보인다.[212] 이앙법은 고려 시기에도 시행했지만[213] 수리 문제 때문에 매우 조심스러운 재배법이었다.

세종 16년(1434) 4월, 이앙법을 둘러싸고 논란이 있었다. 예조판서 신상(申商)이 지금 묘종을 금하고 있어 백성으로서 불편해하는 자가 있으니 이앙법을 금하는 것은 불가하다고 하자, 국왕은 타농(惰農, 게으른 농사꾼)이 스스로 편하고자 하는 계책이 아닌가 되물었다. 이에 대해 신상은 토지가 적은 자에게 묘종을 금하는 것은 수긍할 점이 있기는 하지만, 토지가 많은 자는 묘종을 금할 수 없다고 했다. 그러면서 토지가 많은 민은 김매기[耘耔]를 어렵게 여겨 만약 서치(鋤治)하지 못하면 묘가 약하고 풀이 무성해져 결국 수확을 기약할 수 없기 때문에 반드시 묘종을 하고자 한다고 주장했다.[214] 이앙법은 김매기 노동력을 절감하는 것이므로 토지가 많은 자가 선호했다.

세종 17년 4월에도 이앙법 실시를 둘러싸고 논란이 있었다. 고성(固城)에 살고 있는 전 보령현감 정치(鄭菑)가 물이 있는 곳을 택해 미리 볏모를 키운 뒤 4월에 이앙함은 그 유래가 오래되었는데, 묘종을 금한 이래로 모두 실농했으니 민원에 따라 다시 묘종을 부활케 하라고 상언했다. 중앙의 여러 부서가 의논한 결과, 경상도·강원도의 묘종을 금하는 법이 『육전』에 실려 있으니 가볍게 고칠 수 없다고 하면서, 경종난이(耕種難易), 소출다소(所出多少), 정조허실(精粗虛實), 인정호오(人情好惡)를 도의 감사가 계문한 뒤에 다시 논의하자고 했다. 즉시 감사에게 각 고을의 인민에게 묻도록 하니 과연 모두 묘종을 편하다고 했다. 이에 수근(水根)이 있는 곳은 묘종을 허락했다.[215] 결국 백성이 묘종을 원하는 것이고, 국가는 수원이 있는 곳에 한해 묘종을 허락한 셈이다.

모내기는 김매기의 공력을 줄이는 장점이 있었다. 세종 17년 4월, 이앙법 실시를 둘러싸고 논란이 있었을 때, "묘종하는 자는 일부의 전에 파종하고서 모가 자라기를 기다려 나누어 심는데 김매기의 공력을 줄이기 위함이다"라는 언급이 보인다.[216]

구체적으로 묘종법을 선호하는 지역으로 경상도 대구군(大丘郡)과 하양현(河陽縣)이 보인다. 대구군의 경우, '세속에서는 묘종을 좋아한다'[217]

고 했으며, 하양현의 경우도 역시 '세속에서는 묘종을 숭상한다'[218]고 했다. 대구현과 하양현 모두 묘종을 선호한다는 것이다.

묘종법은 가뭄에도 관개수를 공급받을 수 있는 수전을 택해서 한다. 물이 안정적으로 공급되지 않으면 모내기를 전혀 할 수 없기 때문이다. 모내기를 하기 위해서는 가뭄에도 마르지 않는 수전을 택하는 것이 중요했다.

묘종법을 시행하기 위해서는 2월 하순에서 3월 상순에 수전을 간다.

수전의 1/10에 볏모를 키우고 나머지 9/10는 모내기를 하도록 한다. 당연한 일이지만 볏모를 키운 못자리도 모를 찐(뽑은) 다음 모내기를 한다. 수전을 못자리[養苗處]와 모내기할 곳[苗種處]으로 구분해서 관리하는 것이다.

모를 키울 곳, 즉 못자리를 먼저 갈고서 입자를 곱고 고르게 하고 평평하게 한 다음 물을 빼고 버드나무의 연한 가지를 꺾어 못자리에 두텁게 깔고서 발로 밟아준다. 버드나무 가지를 밟게 되면 흙과 뒤섞이고 그렇게 됨으로써 거름이 되는 것이다. 햇볕을 쬐여 마르게 한 다음 물을 대고 그곳에 볍씨를 뿌린다.

볍씨는 3일간 물에 담갔다가 꺼내 빈 섬에 넣고서 하루가 지난 다음 못자리에 뿌린다. 이렇게 해야 발아에 유리하다. 뿌린 볍씨는 번지(翻地, 板撈)를 사용해 흙으로 덮어주어 발아하도록 한다. 못자리에서 어느 정도 볏모가 자란 다음 본 논에 모내기를 한다.

볏모가 한 줌[一握] 이상 자라면 모내기할 수 있다. 모를 쪄서 묶음을 만드는 과정이 있었을 것으로 여겨진다.

모내기할 곳을 갈고 갈초[杍葉, 加乙草] 혹은 우마분을 펼쳐준다. 모내기할 때에 임해서 다시 갈고서 흙덩이를 부숴 곱고 극히 부드럽게 만들어준다. 모내기를 하려면 흙이 극히 부드럽지 않으면 안 되기 때문이다. 모내기를 할 곳은 정지 작업을 완료하고 물을 댄 상태일 것이다.

모내기할 때 한 포기당 모가 네다섯 개를 넘지 않게 하며, 뿌리가 땅에 내리기 전에는 물을 깊게 대서는 안 된다. 결국 모내기한 뒤에 볏모가 뿌리를 제대로 내리기 전에는 물을 대주되 깊게 해서는 안 된다는 뜻이다.

이러한 이앙법은 제초 작업에는 매우 편리하지만 큰 가뭄을 만나면 모내기를 할 수 없게 되므로 농가로서는 매우 위험한 일이었다. 물이 안정적으로 공급된다면 문제가 되지 않겠지만 그렇지 않은 상태에서 가뭄을 만나게 된다면 농사를 망치게 된다.

모내기를 하는 것은 제초에 매우 편리하지만 가뭄에 취약한 약점을 갖는다고 평가하고 있다. 못자리에서 볏모를 관리하기 때문에 잡초를 미리 뽑아버릴 수 있으며, 본 논에 모내기를 했을 때 볏모가 어느 정도 자랐기 때문에 잡초보다 성장이 앞선 상태이므로 제초의 작업을 적게 해도 무방할 것이다. 이 때문에 제초에 매우 편리하다고 언급한 것이다.

시비법을 살펴보면, 못자리의 시비에는 버드나무 가지를 사용하고 있으며, 반면 모내기를 하는 곳에는 갈초나 우마분을 거름으로 사용하고 있다.

사용하고 있는 농기구를 보면, 양묘처나 묘종처를 갈이할 때 모두 쟁기를 사용했을 것으로 보인다. 파종할 볍씨를 담아 하루 보관하는

디딜방아 : 발로 디디어 곡식을 찧거나 빻는 방아(출처 : 경기도 여주시).

용기로 빈 섬이 있으며, 파종한 볍씨를 흙으로 덮는 데에는 번지를 사용했다. 제초 작업에는 당연히 호미를 사용했을 텐데 언급하고 있지는 않다. 거름을 운반하는 데 사용한 농기구가 있을 것이고, 벼를 베는 낫이 있었을 것이고, 벼 껍질을 벗기는 즉 도정하는 기구로 디딜방아나 물레방아를 사용했을 것으로 추정된다.

논에서의 도맥(稻麥) 이모작에 대한 언급은 없다. 모내기가 제초의 편리함만을 지적할 뿐 도맥 이모작을 가능케 한다는 지적은 보이지 않는다.

### 밭벼의 재배법

밭벼[旱稻, 山稻]는 논벼보다 단위 수확량이 훨씬 적다. 밭벼는 잎과 줄기가 거칠고 크며 길다. 뿌리는 논벼보다 깊게 뻗으며, 분얼이 적다. 가뭄에 대한 저항성, 즉 내건성이 강하다.

현대의 밭벼 재배법을 보면, 보통 너비 60cm 정도로 이랑을 만들고,

이랑에 골을 쳐 줄뿌림을 하지만 때로는 짐뿌림을 하는 수도 있다. 거름을 골의 흙 속에 섞어 넣으면서 골의 바탕을 고른 다음 볍씨를 뿌리고 2~3cm의 두께로 흙을 덮는다. 토양이 건조할 때에는 흙을 덮기 전에 볍씨를 밟아서 잘 누르고 흙도 두툼히 덮어야 싹이 잘 튼다. 씨 뿌리는 시기는 양력 5월 상순·중순이다. 파종 후 비가 와서 땅이 굳으면 쪼아주면 좋다. 농종법(壟種法)을 전제로 줄뿌리기와 점뿌리기를 한다.

밭벼 재배 시에 잡초가 많이 발생하므로 4~5회 김매기 작업이 필요하다. 초기에 김을 맬 때에는 밴 곳은 솎아주고 성긴 곳은 보식한다.

『세종실록지리지』에서 산도(山稻)를 언급한 고을이 몇 개 확인된다. 경상도 성주목 가리현(加利縣),[219] 제주목(濟州牧),[220] 제주목 정의현(旌義縣),[221] 제주목 대정현(大靜縣),[222] 황해도 황주목(黃州牧)[223]이 그곳이다. 평안도와 함경도에서는 보이지 않고, 하삼도에서도 거의 보이지 않는다. 밭벼는 전국적으로 널리 재배되지는 않은 것으로 이해된다.

벼의 품종은 매우 많다. 벼는 대부분 동일한데 별도의 한 품종이 있으니 『농사직설』에서 그것은 밭벼[旱稻, 山稻]라고 했다. 벼의 품종 가운데 특별한 별도의 품종으로 밭벼를 들고 있는 것이다.[224]

밭벼는 지대가 높은 곳이나 물이 차가운 곳에 적합하지만 흙이 심히 건조하면 자라지 않는다. 밭벼의 재배 지역으로 지대가 높은 곳, 물이 차가운 곳을 제시했는데 이런 곳은 골짜기가 깊은 산지일 가능성이 크다. 그러한 지점이라고 하더라도 흙이 너무 건조하면 밭벼가 자랄 수 없다는 것이다.

밭벼 재배를 위해서는, 2월 상순에 갈고, 3월 상순에서 중순 사이에 또 갈고서 이랑을 만들고 족종을 한다. 이랑을 만들고 그 이랑 위에 파종하는 것이다. 이랑에 발뒤꿈치로 자국을 내고 그곳에 씨를 넣어 뿌리는 족종을 하는 것이다. 파종한 뒤에 발로 밟아줌으로써 흙의 표면을 딱딱하게 하는 것인데, 이렇게 하면 보수성(保水性)이 높아져 발아가 쉬워진다.

김매기를 할 때에는 밭벼모 사이의 흙을 제거하되 그 흙을 벼모 사이에 보태주는 북주기를 해서는 안 된다.

척박한 땅에 밭벼를 재배하려면, 밭벼를 숙분이나 오줌재와 섞어 파종하면 된다. 건경(4장 넷째 문단)에서와 같은 방식이다. 건경에서는 종자와 거름을 1 대 15의 비율로 섞어 파종했다. 밭벼도 건경과 비슷한 비율로 섞었을 것이다. 밭벼 종자 파종 시에 거름을 넣으므로 결국 척박한 토양을 극복하고 거름의 도움을 받아 성장할 수 있다.

밭벼의 재배법으로 또 다른 방식이 있다. 밭벼·피·팥을 2 대 2 대 1의 비율로 섞어서 파종하는 것이다. 이른바 섞어짓기, 즉 혼작(混作)이다. 세 종류의 종자를 섞어 파종하는 방법 역시 족종법이었을 것으로 추측된다. 여러 종류의 종자를 섞어 파종하면 작황이 모두 실패하는 일은 없게 될 것이다. 해마다 홍수와 가뭄, 병충해·상해(霜害) 등이 있어 종자마다 작황이 다른데, 여러 종류의 종자를 함께 파종하면 기상 조건에 따라 모든 작물이 흉년이 들지는 않고 어느 한 작물이라도 수확할 수 있는 것이다. 결국 잡종을 하면 전실(全失)은 면할 수 있다. 밭벼에서 그러한 잡종이 가능하다. 교종·잡종법은 다른 지역보다 한재, 수재, 상재가 잦은 북방 지역에서 널리 활용했을 것이다.

### 초목이 무성한 곳을 개간해 수전으로 만드는 경우(고지대)

개간을 통해 수전을 만드는 경우의 재배법을 언급하고 있다.

초목이 무성한 곳을 새로이 개간해 수전으로 만들려면 불을 질러 태운 다음 갈아야 하며, 3~4년 뒤에는 토양을 살펴서 거름을 사용하라는 것이다. 초목이 무성한 지대는 저습지보다 고도가 높은 구릉이나 산록을 가리키는 것으로 보인다.

초목이 무성한 곳[草木茂密處]에 불을 질러 태워버리면 틴 재가 거름이 될 것이다. 재가 덮여 있는 땅을 갈이 작업하면 재의 거름 성분 때문에 농지로서 구실을 할 수 있다. 흙덩이를 부숴 고운 입자의 흙으로 만드는 일이나 경지를 평평하게 정지하는 일은 용이한 작업이 아니었을 것이다. 아마 이런 방식의 개간으로 수전을 만드는 것은 대규모보다는 소규모로 이루어졌을 것으로 추정된다. 이러한 수전에 벼를 파종하는 경우, 조도와 만도의 수경이니 묘종법은 쉽지 않았을 것이고 통상 건경을 하거나 밭벼의 재배가 이루어졌을 것이다.

불로 태워 활용한 재의 성분이 다한 3~4년 뒤에는 토질을 살펴 거름을 쓰도록 한다. 거름을 사용하면 벼농사가 지속적으로 가능할 것이다.

### 저택윤습황지의 개간(저지대)

물이 많은 낮은 지대를 개간해 수전을 만들어 벼농사를 하는 경우다.

지대가 낮고 물이 많은 황무지를 개간하는 경우, 3~4월 사이 물풀[水草]이 성장했을 때 윤목을 사용해 풀을 죽인다. 윤목으로 풀을 눌러서 죽이는 방식이다. 풀을 죽이고 흙의 표면이 부드러워지기를 기다린 뒤에 늦벼[晩稻]를 파종한다. 만파로 보이지만 조파의 가능성도 없지 않다. 또 시목 두세 개를 엮어 소에게 끌게 함으로써 종자를 복토한다. 시목을 소가 끌어서 흙을 일으켜 늦볍씨를 복토하는 것이다. 첫해에는 이런 방식으로 늦벼를 재배하는 것인데 결국 만도의 수경이라고 할 수 있다.

두 번째 해가 되면 따비를 사용할 수 있다. 따비를 사용해 갈 수 있다는 의미다. 3년째가 되면, 우경을 할 수 있게 된다. 우경을 하게 뇌년 땅을 깊게 가는 것이 가능해져 지력의 확보에서도 유익한 점이 있다. 또 잡초를 흙 속으로 묻게 됨으로써 잡초가 덜 나므로 김매기의 공을 크게 덜 수 있다. 저습지이기 때문에 잡초가 매우 무성했을 것이며, 또 저습해서 김매기를 하기도 힘들었을 것인데, 비로소 우경을 함으로써

윤목 : 남태라고도 하며 씨앗을 뿌린 뒤에 밭을 다지는 나무로 만든 연장으로 주로 제주도에서 쓰였다고 한다. 지름 30cm, 길이 80cm쯤 되는 통나무 주위에 길이 13cm, 지름 5cm쯤의 토막나무 발 30여 개를 촘촘하게 박아 놓은 것이다. 본문에서 언급한 윤목의 모양은 이와 다르나 용도는 비슷하다.

잡초의 성장을 막아 제초의 노력을 줄일 수 있게 된 것이다.

풀을 눌러 죽이는 윤목의 제작 방법은 다음과 같다. 4자(약 138cm) 정도의 견실하고 튼튼한 나무를 오각형의 기둥으로 만들고, 오예우(五銳隅)를 갖는 나무 양 끝에 나무고리를 끼우고, 줄을 고리에 연결한다. 안장을 갖춘 소나 말에 어린아이를 태우며, 고리를 연결한 줄을 안장의 북지[後橋] 양쪽에 매도록 한다. 소와 말이 앞으로 가면 오예우이 윤목이 스스로 회전해 풀을 눌러 죽이고 흙덩이를 부순다.

심한 수렁이어서 사람과 소가 빠져서 들어가 밟을 수 없다면, 도리깨를 사용해 풀을 죽이고 파종하는데 앞에서 언급한 방식과 같다. 파종하고 시목을 사용해 복토했을 것으로 추측된다. 도리깨를 사용해 풀을 죽인 상태이기 때문에 소와 사람이 들어갈 수 있을 것이고, 이때 소로 하여금 엮은 시목을 끌게 함으로써 복토했을 것이다.

물이 많은 수렁이나 저습지라 하더라도 몇 차례 벼 재배가 이루어짐으로써 숙토가 되어 수전으로서의 안정성을 높여갔을 것으로 보인다.

윤목을 제작하고 사용하는 구체적인 방법을 소개하고 있다. 파종한 종자를 덮어주는 것으로 시목 두세 개를 묶은 것이 있고, 저습한 땅을 가는 농기구로 따비가 있다. 우경의 기록에서 알 수 있듯이 쟁기를 사용하고 있으며, 사람이나 소가 들어갈 수 없는 수렁에서 풀을 죽이는 농기구로 도리깨가 보인다. 이처럼 윤목, 엮은 시목, 따비, 도리깨, 우경 등이 확인된다.

해안가 저습지를 개간하는 경우, 소금기 있는 땅에 잘 자라는 벼가 선호되었다. 소금기 있는 땅에 심는 볍씨에 대해서도 관심이 컸다. 세조

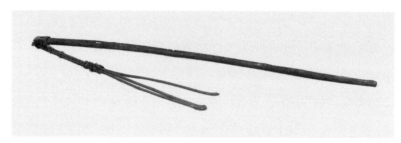

도리깨 : 콩·보리 등 곡식을 두들겨서 알갱이를 떨어내는 데 쓰는 연장.

9년(1463) 1월, 강이관(講肄官) 노삼(魯參)이 짠 땅에서 재배하는 중국의 당도(唐稻)를 바치자, 그것을 경기 연해 여러 고을에 보내 소금기가 있는 해택(海澤)에서 경종하고서 가을에 그 결과를 계문하라고 했다.[225] 바닷가 개간이 활발함에 따라 소금기가 있는 땅에서 재배할 볍씨를 중국에서 들여오고 있음을 알 수 있다.

성종 1년(1470) 1월, 여러 고을에 당도를 나누어주었는데 추수한 수량은 강화부가 가장 적었다. 소출이 적은 것은 강화부의 수령이 힘쓰지 않았기 때문이라고 하면서 그를 추국해 계문하라고 했다.[226] 해안이 많은 강화도에서의 재배에 큰 성과를 거두지 못해 수령을 국문한 사례다.

성종 10년 3월, 정조사(正朝使)가 당도 20두를 무역해 오자, 경기 연해 여러 고을에 때맞춰 경종토록 하고 경가(耕稼)의 편의를 살펴 다른 도에도 파종토록 하라고 하니 국왕이 이를 따랐다.[227] 소금기 있는 땅에서 자랄 수 있는 당도를 수입해 오고, 그것의 재배를 확대하고자 하는 것이다. 해안가 개간이 활발함에 따라 염분이 있는 농지에서도 잘 성장할 수 있는 벼 품종이 중시되었다.

수전으로 만드는 곳으로 초목이 무성한 곳[골짜기나 구릉지(4장 일곱째 문단)]과 저습한 수렁(4장 여덟째 문단)을 언급하고 있다. 고지대와 저지대로 수전이 동시에 확대되고 있음을 알 수 있다. 농지를 개간해 수전으로 만드는 일이 당시에 매우 중요했기 때문에 그곳에서의 벼 재배법을 상세하게 기술한 것이다.

결국 『농사직설』은 수전을 새로이 개발함으로써 경영 규모를 확대하는 데 큰 관심을 보인다. 산전 개간(4장 일곱째 문단)보다는 저습지 개간(4장 여덟째 문단)에 대해 훨씬 많은 비중을 두어 설명하고 있다. 『제민요술』이나 『농상집요』에는 수전 개발에 관한 언급이 전혀 없다.[228]

여러 유형의 벼 재배 가운데 올벼 재배를 가장 중시하고 있다(4장 둘째 문단). 일찍 파종하면 소출이 많고,[229] 수확의 시점을 앞당길 수 있다.[230] 일찍 서리가 오더라도 이미 수확을 종료했기 때문에 피해를 비껴갈 수 있었다. 양맥이나 서량(黍粱, 기장과 조)이 고갈되었을 때 접식(接食)을 이어주는 일을 앞당기는 것도 올벼였다.[231]

# 5
# 기장과 조의 재배법
## 저무이리조,[232] 생동차조,[233] 수수를 덧붙임

○ 3월에 서리의 기운이 꺾여 없어질 때[234] 올기장[早黍], 올조[早粟]
는 3월 상순에, 늦기장[晚黍]과 늦조[晚粟]는 3월 중순에서 4월 상순까지 파종
할 수 있다. 좋은 밭을 선택해 가는 모래와 검은 흙이 서로 반반 섞인 것이 좋
은 땅이다. 기장과 조는 속성이 지대가 높고 건조한 곳이 적합하고, 지대가 낮
고 습한 곳은 적합하지 않다.[235] 먼저 팥[小豆]을 사용해 듬성듬성 흩어 뿌
리고 갈아준다.[236] 이랑을 따라[237] 좌우 발꿈치로 교대로 밟아주면서,[238]
들깨[水荏子]를 기장[黍] 혹은 조[粟]와 서로 섞어 들깨 1푼[分] 기장 혹은 조
3푼의 비율로 섞는다.[239] 파종한다.[240] 왼발과 오른발을 교대로 움직였으므로 이
미 복토(覆土)가 되었다.[241]

[기장과 조의] 모가 성장하면, 사이에 자라는 잡초 및 포기가 조밀한
곳은[242] 김매기 해서 [잡초 및 조밀한 모를] 제거하고 흙으로 북을 준다.[243]

부리망 : 소를 부릴 때에 소가 곡식이나 풀을 뜯어 먹지 못하게 하려고 소의 주둥이에 씌우는 물건. 가는 새끼로 그물같이 엮어서 만든다(출처 : 농촌진흥청 홈페이지).

김매기는 세 번에 이르는데, 풀이 없더라도 호미질을 멈춰서는 안 된다.[244] [서속의] 줄기가 성장함을 기다리면 양 이랑 사이[兩畝間][245]에 잡초가 무성해지는데[246] 소 한 마리의 입에 그물[網, 부리망]을 씌우고[247] 천천히 갈되,[248] 줄기가 손상되지 않게 한다.[249] 이랑 사이에 잡초가 없어지고 흙으로 뿌리에 북을 준다.[250]

기장이 반 정도 익으면 즉시 베고[251] 조는 완전히 누렇게 익었을 때를 기다려 벤다.[252] 기장은 익으면 쉽게 [이삭 낟알이] 떨어지므로 바람을 만나면 수확을 잃게 된다.

밭이 만약 척박하다면 숙분[253]과 오줌재를 사용해 파종한다.[254] 기장·조 2, 3승(升, 되)에 숙분 혹은 오줌재 1석(石)의 비율로 섞는다.

○ 조에는 또 늦게 파종하고 일찍 익는 것이 있는데,[255] 청량(靑梁) 향

명은 생동점(生動粘, 생동차조)[256] 따위 같은 것이다.[257] 향명은 점물곡(占勿谷, 저무이리) 흙이 두텁고 오래 묵은 땅을 택해 파종한다.[258] 숲과 나무를 베어낸 곳이 상(上)이고, 오래된 진전(陳田)이 다음이며, 맥전(麥田) 그루갈이[根耕]하는 것이 하(下)가 된다. 5월에 풀을 베어 마르기를 기다려 불로 태운 다음,[259] 재가 아직 식지 않았을 때 재가 식으면 거미가 땅의 표면에 거미줄을 치기 때문에[260] 종자가 땅에 닿지 않는다.[261] 조의 종자를 흩어 뿌리고 [撒擲][262] 철치파(鐵齒擺) 향명은 수수음(手愁音, 쇠스랑)로 흙을 일구어 종자를 덮는다.[263] 제초하는 데 힘을 줄일 수 있고, 소출은 통상의 배가 된다.[264] 대개 밭을 다스리는 법은 가을갈이를 해서 겨울을 지나는 것을 으뜸으로 여기는데[265] 조밭이 더욱 심하다.

○ 수수[蜀黍] 향명은 당서(唐黍)는 지대가 낮고 습한 곳이 적합하며,[266] 지대가 높고 건조한 곳은 적합하지 않다. 2월에 일찍 파종하며[267] 김매기가 두 번에 이르지 않아도[268] 수확은 많다.

種黍粟 (附 占勿谷粟 靑梁粟 蜀黍)

○ 三月霜氣頓無 (早黍早粟 三月上旬 晚黍晚粟 三月中旬至四月上旬 可種) 擇良田 (細沙黑土相半者 爲良 黍粟性宜高燥 不宜下濕) 先用小豆 稀疎播撒 後耕之 逐畝左右足踵交踏 以水荏子與黍或粟相和 (水荏子一分 黍或粟三分) 下種 (左右足交運 已成覆土矣) 及苗長 間生雜草與科密處 鋤而去之 以土壅根 鋤至三度 勿以無草停鋤 待禾成長 兩畝間雜草茂盛 用一牛網其口 徐驅耕之 勿致損禾

(畝間無穢 土壅禾根) 黍半熟卽刈 粟待十分黃熟可刈 (黍熟易零 遇風卽失收) 田若墝薄 用熟糞或尿灰 種之 (每黍粟二三升 和熟糞或尿灰 一石爲度)

○ 粟又有晩種早熟 如靑粱 (鄕名 生動粘) 之類者 (鄕名 占勿谷) 擇土厚久陳地種之 (芟除林木爲上 久陳田次之 麥根爲下) 五月伐草 待乾火之 灰未冷時 (灰冷 卽蜘蛛遍網地面 種不至地) 撒擲粟種 以鐵齒擺 (鄕名 手愁音) 起土覆種 鋤草省力所出倍常 (大抵 治田之法 秋耕過多爲上 粟田尤甚)

○ 薥黍 (鄕名 唐黍) 宜下濕 不宜高燥 二月早種 鋤不至再而收多

　기장은 자라는 기간이 조에 비해 짧아 수확 시기가 빠르다. 건조한 기후에 강한 특성을 지니고 있다. 환경이 좋은 곳에서는 별로 재배하지 않으며, 고온 기간이 짧은 북부 산간지대에서 주로 재배한다. 기장은 토양 적응성도 매우 높아 기름지지 못하고 메마른 땅에서도 잘 견딘다. 그렇지만 기장은 수확량이 적고 주식으로 이용하기도 부적합하여 현대에는 많이 재배하지 않는다. 기장에는 메기장과 찰기장이 있다.

　봄기장은 양력 5월 상·중순에 뿌리고, 여름기장은 맥류를 수확한 뒤 곧바로(6월 중·하순) 뿌린다. 봄기장은 8월 하순에서 9월 상순에, 여름기장은 9월 하순 내지 10월 상순에 수확한다. 수확은 이삭만 자르고 줄기는 나중에 베는 방법이 있고, 처음부터 줄기째 베어들여 말린 뒤 이삭을 자르기도 한다. 기장은 벼훑이로 터는 것이 보통이다.

현대 재배법을 보면, 봄기장은 높지 않은 이랑을 만들고, 이랑 위에 점뿌림을 하며, 포기당 3~4대씩으로 한다. 여름기장은 줄뿌림, 흩어뿌림을 하는데, 1.2m 너비의 약간 높은 이랑을 만든다. 줄뿌림의 방법은 이랑 위에 40cm 간격으로 가는 골을 타고 줄뿌림하고 30cm 사이에 6~7대가 되도록 솎아내는 방식이고, 흩어뿌림은 이랑 전체에 거름을 뿌리고 흙과 섞은 다음, 종자를 고르게 선면에 흩어 뿌린 뒤, 바탕을 고르면서 흙을 덮는 방식이다. 기장의 종자가 잘아 배게 뿌려지기 쉬우므로 알맞게 솎아내야 하며, 드문 곳은 일찍 보식한다. 북을 주면 뿌리가 잘 내려서 생육이 조장되고 쓰러짐을 막는 효과도 있다.

조는 주식으로 이용 가능하다. 환경 적응성이 강해 메마른 땅이나 산성 땅에서도 잘 자란다. 그리고 가뭄에도 잘 견딘다. 벼나 맥류를 재배하기 어려운 신간지대에서는 중요한 식량자원이다. 생육 기간이 짧아, 남부지방에서는 보리의 뒷그루로 재배할 수 있다. 재배에 노력이 많이 들고, 거름을 빨아들이는 힘이 강하여 토질이 나빠지기 쉽다. 현대에는 수확량과 수익성이 낮아 재배가 감소하고 있다.

조는 구황작물로서 중요시되어왔으며 차조[糯粟]와 메조[粳粟]가 있는데 차조는 찰기가 있으며 노란색 혹은 녹색을 띠고, 메조는 광택이 없는 노란색이다.

조는 점뿌림, 줄뿌림, 흩어뿌림이 모두 가능하다. 점뿌림의 경우 포기당 5대, 줄뿌림의 경우 30cm 사이에 8~10대가 되도록 한다. 흩어뿌림의 경우 개체 간 간격이 사방 6~8cm가 되도록 솎아준다. 조는 종자가 매우 잘기 때문에 밀파되거나 씨가 몰리기 쉽다. 파종 후 얇게 덮고 가볍게 진압하여 균일한 발아를 유도해야 한다. 잘 밟아주어야 보수력이 뛰어나 발아가 잘 된다.

발아 후 10일경에 지나치게 밀파된 곳은 솎아주며, 북주기와 김매기를 함께 실시하고 그 뒤 10일 간격으로 2~3회 실시한다. 발아가 불량한 곳은 보식하거나 보파하여 고르게 자라도록 유도한다. 북을 주면 씨뿌리가 잘 내려서 생육이 조장되고 쓰러짐을 막는 효과도 있다.

봄조는 양력 5월 상·중순에 뿌리고, 여름조는 맥류를 수확한 뒤 곧바로 6월 중·하순에 뿌린다. 봄조는 9월 상·중순, 여름조는 10월 상·중순에 수확한다.

수확은 이삭만 자르고 줄기는 나중에 베기도 하고, 또 처음부터 줄기째 베어들여 말린 뒤 이삭을 자르기도 한다. 자른 이삭을 잘 말려 도리깨 등으로 턴다.

서속은 조선 초 식량으로서 매우 중요했다. 가을 추수로 겨울을 보내고 나서 맥을 먹는데 맥이 다하면 서량(서속)으로 이어가고 서량이 다하면 올벼로 이어간다고 했다.[269]

수수는 높은 온도와 많은 햇볕을 좋아한다. 그렇지만 건조한 땅이나 저습한 땅에서도 적응성이 강하다. 거름을 빨아들이는 힘이 강해 메마른 밭이 재배하기에 유리하다. 재배에 노력이 적게 들며, 겨울작물인 맥류 등의 후작으로 재배하기도 하고, 콩·팥·녹두 등과 섞어짓기도 한다. 수수는 메수수와 찰수수의 구분이 있다.

파종기가 너무 빠르면 저온으로 출아가 불량하고 수량이 감소한다.

헌제의 수수 새배법에서는 양력 4월 중하순이 조기재배의 파종 한계기이고 안전한 파종기는 5월 중순이다.

현대의 파종에는 줄뿌림과 점뿌림 모두 가능하다. 줄뿌림의 경우 싹이 튼 후 솎아서 포기 사이 12~15cm 간격으로 1대를 세운다. 점뿌림의 경우 35~45cm 간격으로 7~8알씩 점뿌림하며, 솎아서 포기당 2~3대씩 가꾼다. 무릎 길러 옮겨 심기도 하는데, 공밭의 이랑 목판에 1.5~1.8m 간격으로 모종을 포기당 5~6대씩 심는다.

기장·조·수수의 재배 지역을 살펴보면(〈표 3〉 참조), 기장은 전국에서 생산되며, 수수의 재배 지역은 광범위하지 않다. 기장은 전국 334개 군현 가운데 294개 고을에서 재배하고 있어 88%를 점하고 있다.[270] 곡물 가운데 가장 널리 재배하는 셈이다. 경기의 경우 41개 군현 모두에서 재배하고 있으며, 경상도의 경우 가장 적게 재배하여 66.66%의 고을에서 재배하고 있다. 평안도와 함길도에서도 70% 이상의 군현에서 재배하고 있다. 기장은 조선 초 벼보다도 더 많은 군현에서 재배하는

〈표 3〉『세종실록지리지』의 기장·조·수수의 도별 재배 군현 수 및 백분율[271]

| | 경상도 (66) | 전라도 (56) | 충청도 (55) | 경기 (41) | 강원도 (24) | 황해도 (24) | 평안도 (47) | 함길도 (21) | 계 (334) |
|---|---|---|---|---|---|---|---|---|---|
| 黍 (기장) | 44 (66.66) | 54 (96.42) | 50 (90.90) | 41 (100.0) | 22 (91.66) | 22 (91.66) | 33(+11) (70~93) | 17 (80.95) | 283(+11) (84~88) |
| 粟 (조) | 283(+11) (84~88) | 2 (3.57) | 41 (74.54) | 38(+2) (92~97) | 10 (41.66) | 20 (83.33) | 5(+11) (10~34) | 10 (47.61) | 184(+11) (55~58) |
| 唐黍 (수수) | | | | 8(+2) | | 12 | 2 | | 22(+2) |

중요한 식량원이었다.

조는 전국 334개 군현 가운데 195개 군현에서 재배해 58%를 점유한다. 조는 경기·경상도·황해도에서 많이 재배하지만, 전라도에서는 거의 재배하지 않는다. 양계 지방에서는 재배하고 있지만 50%를 넘지 못한다.

수수의 재배 지역은 334개 군현 가운데 24개 군현에 불과하다. 경기·황해도·평안도에서 재배하고 있을 뿐 그 밖의 도에서는 재배하지 않는 것으로 기록되어 있다.

조선 초에는 기장과 조 가운데 우량 품종을 발견하면, 재배를 시험해 결과가 좋으면 다른 지역으로 그것의 재배를 확산하려고 노력했다. 세종 5년(1423) 한 껍질에 두 알이 든[一稃二米] 거서(秬黍)가 황해도 이철(李哲)이라는 사람의 밭에서 출현해 재배에 성공하고 그것을 정부에 보고하자 적전(籍田)에서 시험 재배케 했다.[272] 세종 6년 적전에서 거서의 재배가 성공한 뒤 세종 7년 2월 외방의 여러 고을에 보내 재배토록 했다.[273] 세종 7년 12월 각 고을에서 파종한 거서 14석 12두에서 수확이 264석에 이르렀다.[274] 이후 거서의 재배는 크게 확산된 것으로 보인다.

한 해에 두 번 익는 기장에 대한 관심도 매우 컸다. 세종 19년 한 노비가 그린 올기장 2두(斗)를 바치자 적전과 각 도에 내려 재배토록 했다.[275] 세종 21년 황주(黃州)에서 비축한 1년에 두 번 익는 기장의 종자 4석을 여러 도에 보내 재배토록 했다.[276] 그 뒤의 재배 상황은 알기 어렵지만 새로운 품종이 나오는 경우 확대에 힘쓴 것을 알 수 있다. 세종 13년에는 중국의 백서(白黍) 재배에 관심을 기울이고 있다.[277] 좋은 품질의 기장 재배 확산에 노력하고 있음을 알 수 있다.

조에서도 새로운 농사를 발견해 그것을 확대하고자 했다. 세종 19년 7월, 경기감사가 광주(廣州)에서 한 줄기에 두 이삭이 달리는 조[一莖二穗]를 바친 일이 있고,[278] 한 줄기에 이삭이 2~3 혹은 7개 달리는 조를 경상도에서 바치자 적전에서 재배토록 했다.[279] 소출이 많은 우량 품종을 발견하면 그것을 시험 재배하고 재배 지역을 넓혀갔다.

### 기장과 조의 재배법

3월 서리의 기운이 사라졌을 때 양전을 택해 파종한다. 가는 모래와 검은 흙이 서로 반씩 섞인 것이 좋다. 기장과 조는 지대가 높고 건조한 곳이 적합하고 지대가 낮고 습한 곳[下濕]은 적합하지 않다. 지대가 높고 산지가 많은 지역이 유리할 것이므로 함경도·평안도 지역도 불리하지 않음을 알 수 있다.

기장과 조는 동일한 재배 방식을 택하고 있다. 올기장과 올조는 3월 상순에 파종하고, 늦기장과 늦조는 3월 중순에서 4월 상순에 파종한다. 이른 것과 늦은 것의 파종 시기는 10일에서 30일 정도 차이가 있다.

파종에 앞서 팥을 드물게 흩어 뿌린 뒤에 갈이 작업을 한다. 흙덩이를 부숴 곱게 하는 과정이 없고, 흙을 부드럽게 하지도 않는다. 아마 극쟁이를 사용해 가는 과정에서 자연스럽게 이랑이 만들어졌을 것이고, 그 이랑을 좌우 발꿈치로 교대로 밟아준다.

들깨와 기장 혹은 조를 서로 섞는데 들깨와 기장(조)을 섞는 비율은 1 대 3이다. 기장과 조를 들깨보다 세 배 많이 섞는 것이다. 들깨는 아마 시비용이었을 것으로 보이며, 주작물은 기장이나 조였을 것이다.[280]

거칠게 만든 이랑을 밟으면서 들깨를 섞은 기장이나 조를 파종하고, 밟는 과정에서 자연스럽게 복토가 이루어진 것으로 보인다. 파종한 뒤 발로 흙을 모아 덮고 밟아주는 것이므로, 결국 기장이나 조를 이랑 위에 족종한 것으로 보인다. 밟아줌으로써 습기를 보존해 발아를 도왔을 것이다. 이랑에 파종하므로 농종법으로 볼 수 있다.

기장과 조의 싹이 나와 자라면 잡초가 생기기도 하고 기장과 조가 과도하게 파종된 곳도 있는데, 김매기를 통해 잡초를 제거해주고 밀집된 싹은 솎아준다. 파종한 곡식을 솎아주는 것이 처음으로 확인되는 예다. 당시 작물 재배에서 종자가 과도하게 밀집해서 뿌려진 경우 싹이 나오면 솎아주는 일이 매우 많았을 것으로 보이지만, 솎아주는 내용을 전하는 기록은 거의 보이지 않고, 기장과 조에서만 확인될 뿐이다. 김매기를 하면서 기장과 조의 뿌리에 흙을 돋우어주는 작업을 한다. 이른바 북주기 작업이다. 이때 싹이 나오지 않은 곳에 보식하는 작업도 이루어졌을 것이다. 김매기는 세 차례 한다. 잡초가 없어도 김매기 작업을 멈추어서는 안 된다.

기장과 조의 줄기가 성장하면 양 이랑 사이에서 잡초가 무성해지는데 소에 부리망을 씌운 뒤에 서서히 몰아 갈아서 줄기에 손상을 주지 않도록 한다. 이렇게 하면 묘간(畝間), 즉 고랑에 잡초가 없어지고 기장과 조의 뿌리에 북을 주게 된다. 이때 사용한 쟁기는 극젱이로 보이며, 극젱이에 의해 일어난 흙은 양옆 이랑에서 자라고 있는 기장과 조의 뿌리를 덮음으로써 북을 주는 방식이다. 소를 움직여 갈기 위해서는 고랑의 넓이가 어느 정도 확보되지 않으면 안 된다. 고랑이 좁으면 소가 이동할 때 기장과 조에 손상을 입히기 때문이다.

기장은 반이 익었을 때 즉시 베어주며, 조는 누렇게 충분히 익었을 때 벤다. 함께 심은 들깨에 대한 언급이 없는 것으로 보아, 들깨는 솎는 과정에서 뽑아 거름으로 삼았을 것이다. 기장과 조는 파종하고 김매고 북 주는 작업은 동일하지만, 수확하는 시점이 서로 다르다. 기장은 익으면 낟알이 잘 떨어져서 바람이 불면 수확을 못 하게 된다. 반면 조는 낟알이 잘 떨어지지 않으므로 충분히 익은 상태에서 벤다.

척박한 밭이라면, 숙분과 오줌재를 사용해 파종한다. 기장 혹은 조 2~3승을 숙분이나 오줌재 1석(=15두, 150승)의 비율로 섞는다. 많은 양의 숙분이나 오줌재에 소량의 기장(혹은 조)을 섞어서 이랑에 점파했을 것으로 보인다. 발아 이후 김매기 과정에서 밴 곳을 솎아주었을 것이다.

기장과 조의 재배에는 시비가 중요해 보인다. 기장과 조를 심을 밭에 먼저 팥을 뿌려 가는데 이때 뿌린 팥은 거름으로 사용하기 위함이다. 그리고 기장과 조에 섞어 뿌리는 들깨 역시 거름으로 사용했을 것이다. 이렇게 본다면 기장과 조의 재배에 사용하는 거름은 팥과 들깨라고 할 수 있겠다. 다만 척박한 밭의 경우에는 숙분과 오줌재를 사용한다. 다량의 숙분이나 오줌재에 소량의 기장이나 조를 섞어서 이랑에 점파하는 방식이다.

김매기 작업을 하는 데에는 호미를 사용했으며, 부리망을 씌운 소를 부려서 잡초를 제거하는 김매기 작업을 하고 있다. 베는 작업에 낫을 사용했을 것이고, 숙분이나 오줌재를 활용할 때 장군이나 삼태기 등을 활용했을 것이다.

### 늦게 뿌려 일찍 익는 조

　조에는 늦게 파종해서 일찍 익는 것이 있는데 생동차조[青粱, 生動粘]와 같은 유형이다.[281] 즉 향명은 저무이리조다. 생동차조나 저무이리조는 모두 늦게 파종해 일찍 익는 품종이다. 결국 생육 기간이 짧은 품종이다. 추운 지방에서 재배하기에 적합한 조 품종으로 판단된다.

　저무이리조나 생동차조의 경우, 5월에 파종한다. 통상의 올조는 3월 상순, 늦조는 3월 중순에서 4월 상순에 파종하는 것에 비해 한 달 이상이나 늦게 파종하는 셈이다. 봄철 가뭄이 들더라도 늦게 비가 온다면 파종할 수 있는 장점이 있다.

　저무이리조와 생동차조는 모두 흙이 두텁고 오래 묵힌 땅을 택해서 심는다. 숲과 나무를 베어낸 곳이 으뜸이 되며, 오래 묵힌 진전이 다음이고, 보리밭을 그루갈이하는 경우가 하가 된다. 나무를 베어낸 두터운 토양은 임야를 새로이 개간한 곳이다. 토질이 비옥하거나 늘 농사를 짓는 땅보다는 오랫동안 농지로 활용하지 않은 곳에 재배하는 것이 바람직하다는 뜻이다.

　5월에 풀을 베고 마르기를 기다린 다음 불을 질러 태운다. 재가 차가워지기 전에 저무이리조와 생동차조를 흩어 뿌린다. 재와 조의 씨앗이 뒤섞여 있을 것이다. 재가 식어 차가워지면 거미가 땅의 표면에 거미줄을 쳐서 뿌린 씨앗이 흙에 닿지 않는다. 재 위에 조를 흩어 뿌린 뒤 쇠스랑을 사용해 흙을 일구어 종자를 덮어준다. 쇠스랑으로 복토하는 과정에서 재는 흙 속으로 들어가 거름의 구실을 하게 된다. 쇠스랑으로 흙을 모아 종자를 덮고, 그렇게 함으로써 이랑에서 발아 성장하는 것으로 이해된다.

풀을 베고 말린 다음 불을 질러 태우고 그 재 위에 파종하는 것이다. 특별한 갈이 작업을 하지 않는다. 따라서 흙이 부드럽지도 않고 곱지도 않은 상태일 것이다. 당연히 이랑이나 고랑을 만드는 작업이 없지만, 복토의 과정에서 이랑이 형성되었을 것으로 추측된다.

이렇게 하면 김매기의 노동력을 줄이고 소출은 통상의 배가 된다. 풀을 베어 말린 뒤 태우기 때문에 잡초가 덜 나게 되므로 김매기의 노동력을 줄일 수 있다. 정상적인 올조와 늦조의 경우 김매기가 세 차례 필요한 것에 비해 한두 차례만 해도 되는 것으로 추측된다. 조이기 때문에 충분히 익은 뒤에 베었을 것으로 보인다.

대개 밭을 다스리는 법은 가을갈이를 하고 겨울을 넘기는 것이 으뜸이 되는데 조밭은 더욱 그러하다. 조를 재배하는 밭의 경우 가을갈이를 한 뒤 겨울을 넘겨야 좋다는 뜻이다. 1년1작으로 재배하는 경우가 된다.

갈이 작업이 없기 때문에 쟁기는 사용하지 않은 것 같다. 파종한 종자를 복토하는 데 쇠스랑을 사용했고, 김매기 작업에 호미를 사용한 것이 분명하다. 생동차조(저무이리조)의 재배로 맥과 조의 이모작이 가능할 것이다. 성종 3년(1472) 6월 재상(災傷)을 입은 밭에 뒤늦게 파종하는 작물로 콩·메밀과 함께 조를 언급하고 있는데,[282] 여기서 조는 생동차조·저무이리조였을 것이다.

### 수수의 재배법

수수[蜀黍, 唐黍]는 지대가 낮고 습기가 많은 땅이 재배에 적합하다.

반면 지대가 높고 건조한 땅은 재배에 적합하지 않다.

2월에 일찍 파종하며, 김매기는 두 번을 하지 않아도 수확이 많다.

수수는 파종 시기가 기장·조보다(3, 4, 5월) 매우 빠른 특징이 있다. 빨리 파종하므로 잡초보다 먼저 발아 성장해 키에서 우위를 점하게 된다. 수수가 잡초보다 키가 크므로 잡초는 제대로 클 수 없다. 따라서 잡초를 제거하는 김매기 작업을 두 번을 넘길 필요가 없는 것이다. 현대의 파종 시점보다 1~2개월 이상 빠른 점이 주목된다. 일찍 파종하기 때문에 양맥의 뒷그루로 재배하는 것은 불가능하다. 수수를 수확한 뒤 양맥을 파종하는 것은 가능했을 것이다.

# 6
# 피$^{283}$의 재배법
## 강피를 덧붙임

○ 피의 성질은 지대가 낮고 습(濕)한 곳이 적합하다.$^{284}$ 2월 중순에 땅을 갈아서 목작(木斫) 향명은 소흘라(所訖羅, 써레)으로 숙치해준다.$^{285}$ 3월 상순에서 4월 상순까지 언제든지 파종할 수 있다.$^{286}$ 파종하는 법은 기장·조의 파종법과 동일하다.$^{287}$ 혹은 종자를 살척(撒擲)$^{288}$하는 것도 괜찮다.

밭이 만약 척박하다면 분회를 사용한다.$^{289}$ [분회는] 숙분과 오줌재를 가리킨다. 아래도 마찬가지다.$^{290}$ 혹은 먼저 잡초를 이랑 사이[兩畝間]에 깔아주고$^{291}$ 그 뒤에 갈고 씨를 뿌린다.$^{292}$ 호미질(제초)은 두 차례 한다.$^{293}$

○ 피에도 또한 늦게 파종해서 일찍 익는 것이 있다. 향명은 강직(姜稷, 강피) 양맥을 수확한 곳에 6월 상순에 파종한다.$^{294}$

種稷 (附 姜稷)

○ 稷性宜下濕之地 二月中旬耕地 以木斫 (所訖羅) 熟治 自三月上旬至四月上旬 皆可種 種法 與種黍粟同 或撒擲種亦得 田若塉薄 用糞灰 (熟糞與尿灰也 下倣此) 或先布雜草於畝間 後耕種 鋤至二度

○ 稷亦有晚種早熟者 (鄉名 姜稷) 兩麥底六月上旬可種

### 피의 재배, 강직의 재배를 덧붙임

피는 어릴 적에는 생김새가 벼와 비슷하다. 피는 생육이 왕성하여 아무 곳에서나 잘 자라 예전에는 흉작에 대비해 구황작물로 재배했으나, 지금은 거의 재배하지 않는다. 따뜻한 온대지방의 서늘하고 습한 곳에서 잘 자라며 병충해에도 강하다.

파종은 기장이나 조를 심는 것과 같이 골을 타고 줄뿌림[條播]하거나 넓은 두둑을 짓고 흩어뿌림[散播]하기도 한다.

늦은 피는 양력 6월 상순에 보리·밀을 심었던 곳이나 가뭄으로 미처 모내기를 못한 논에 심었다. 피는 낟알 8~9할이 익으면 수확한다. 수확이 조금 늦으면 바람에 씨가 쉽게 떨어지기 때문이다. 낫으로 베어서 말린 다음 도리깨로 타작한다. 알곡은 절구에 찧어 핍쌀로 만들어 밥에 섞어 지으면 맛이 좁쌀보다 좋고, 맷돌에 타서 가루를 내어 죽을 만들

절구 : 곡식을 빻거나 찧는 데 쓰는 용구.

맷돌 : 곡물을 갈아서 가루로 만드는 용구.

| | 경상도<br>(66) | 전라도<br>(56) | 충청도<br>(55) | 경기<br>(41) | 강원도<br>(24) | 황해도<br>(24) | 평안도<br>(47) | 함길도<br>(21) | 계<br>(334) |
|---|---|---|---|---|---|---|---|---|---|
| 稷<br>(피) | 18<br>(27.27) | 56<br>(100.0) | 45<br>(81.81) | 39<br>(95.12) | 24<br>(100.0) | 23<br>(95.83) | 34(+11)<br>(72~95) | 21<br>(100.0) | 260(+11)<br>(77~81) |

어 먹기도 한다.

조선 초 피의 재배 지역은 전국 334개 군현 가운데 271개 군현으로 81%를 점유하고 있다. 피가 전국적으로 보편화된 곡물의 자리를 차지하고 있음을 말해준다. 전라도는 56개 고을 전부에서 생산하고 있으며, 강원도 역시 24개 고을 전부에서 생산하고 있고, 함길도 역시 21개 고을 전부에서 생산하고 있다. 반면 경상도는 66개 고을 가운데 18개 군현에서 생산하고 있어 매우 부진한 편이다(〈표 4〉 참조).

### 피의 재배법

피는 하습한 땅이 재배에 적합하다. 즉 지대가 낮고 습기가 많은 땅이 피를 재배하기에 적합한 곳이다.

2월 중순에 갈이 작업을 해서 써레를 사용해 숙치한다. 즉 흙덩이를 부수고 흙의 입자를 고르게 하며 평평하게 하는 작업을 한다.

3월 상순에서 4월 상순까지 어느 때든 파종할 수 있다. 파종하는 시점의 폭이 넓다.

파종하는 방법은 기장과 조를 파종하는 것과 동일하다. 기장과 조의 경우 팥을 듬성하게 뿌린 뒤 갈고서 이랑을 만들고 그 위에 파종하는 것이다.[296] 이 경우 팥은 거름으로 활용하기 위해 뿌린 것이다. 당연히 발을 사용해 피의 종자를 흙으로 덮어주고 밟아준다. 농종·점파일 것이다.

혹은 종자를 흩어 뿌리는 것도 가능하다. 아마 쇠스랑을 사용해 복토했을 것이다(5장 둘째 문단 참조). 결국 복토 과정에서 만들어진 이랑에서 피가 발아, 성장했을 것이다. 혹은 밭에 이랑을 만들고 그 이랑 위에 피를 조파할 수도 있을 것이다. 어느 경우든 농종·조파가 된다. 이때의 시비법은 특별히 언급하고 있지 않아 알기 어렵다.

척박한 땅의 경우 분회를 사용한다. 여기서 말하는 분회는 숙분과 요회다. 이하의 자료에서의 분회도 마찬가지다. 이 경우 피와 분회를 섞어서 이랑에 점파했을 것으로 추측된다. 분회를 사용하는 경우 종자와 섞어 파종하는 예가 많기 때문이다(4장 여섯째 문단, 5장 첫째 문단, 9장 첫째 문단, 10장 첫째 문단). 또는 묘간에 잡초를 펴놓은 상태에서 (극젱이로) 묘 부분을 갈아 잡초를 덮고 그곳에 씨를 뿌린다. 셜국은 이랑을 만들어 그 위에 파종하는 것이 된다. 김매기는 두 차례 한다. 피는 다른 작물보다 잘 자라기 때문에 김매기의 횟수가 두 번으로 그칠 수 있는 것으로 판단된다.

경지하는 농기구로 쟁기와 극젱이를 사용했을 것이고, 숙치 작업을 하는 써레가 보인다. 김매기 작업을 하는 호미도 찾아볼 수 있다.

### 늦게 심고 일찍 익는 강피

피에도 늦게 심어 일찍 익는 품종이 있는데 우리 이름으로는 강피[姜稷]라고 한다. 보리와 밀을 심었던 밭에 6월 상순 파종할 수 있다.

통상의 피보다 2~3개월 뒤에 파종하는 것이다.

늦게 심어 일찍 익는다는 것은 곧 생장 기간이 짧다는 뜻이다. 생장 기간이 짧으면 동일한 농지에 두 차례 작물을 재배하는 것이 가능해진다. 그리고 봄 가뭄을 피하고 재배할 수 있는 장점도 있다. 수확이 빨라 가을 서리의 피해를 입지 않을 수도 있다.

늦게 심어도 되므로 보리와 밀을 수확한 밭에서 뒷그루로 재배할 수 있다. 이런 경우 양맥과 강직의 이모작이 가능하다.

파종법이나 시비법, 김매기법은 모두 일반 피와 동일할 것으로 추측된다. 그렇지 않다면 강피의 재배법을 별도로 언급했을 것이다. 아마 양맥을 심은 곳에서 그루갈이로 재배하는 경우, 갈이를 해서 만들어진 이랑에 강피를 점파하는 방식이 선택되었을 것으로 추정된다.

# 7
# 콩·팥·녹두의 재배법

○ 콩(대두)과 팥(소두)의 종자에는 모두 이른 것과 늦은 것이 있다. 일찍 심는 것은 향명이 봄길이[春耕]이고, 늦게 심는 것은 향명이 그루갈이[根耕]다. 그루갈이는 양맥(보리·밀)의 뿌리를 가는 것이다.[297] 이른 종자는 3월 중순에서 4월 중순까지 파종하는데 치전(治田)은 지나치게 익힐[298] 필요는 없다. 파종할 때에 구멍마다 서너 개를 넘지 않게 한다.[299] 파종할 때 많이 넣으면[300] 무성하고 조밀해서 열매가 적다. 그런데 비옥한 밭은 드물게 하는 것이 좋고 척박한 밭은 조밀한 것이 좋다.[301]

밭이 만약 척박하다면, 분회를[302] 사용하는데 마땅히 적게 해야 하고 많게 해서는 안 된다.[303] 김매기는 두 번을 넘지 않는다. 콩 꽃이 필 때 김매기를 해서는 안 된다. 꽃이 떨어지기 때문이다.[304]

[콩과 팥의] 잎이 다 떨어지면 수확한다.[305] 수확을 마치면 갈아서 내년

에 대비한다. 갈지 않으면 윤택함이 없게 된다.[306]

○ 콩[307]의 그루갈이 양맥을 벤 뒤에 그 뿌리를 갈아엎는 것이다.[308]는 가는 법, 김매기 하는 법, 수확하는 법이 모두 이른 종자와 같다. 다만 파종할 때에 구멍마다 4~5개로 한다.[309]

○ 팥[310]의 그루갈이법은 콩의 그루갈이법과 동일하다. 다만 보리·밀의 뿌리[311]에 팥을 뿌린 뒤[312] 갈아 흙으로 덮는 것인데,[313] 한 번의 호미질로 그친다.

○ 또 한 가지 방법으로, 밭이 적은 자[314]는 양맥이 아직 이삭이 나오지 않았을 때 두 이랑[畝, 두둑] 사이[315]를 얕게 갈고 콩을 심는다.[316] 양맥을 수확한 뒤 [양맥의] 뿌리를 갈아 콩의 뿌리를 덮는다.[317] 콩밭에 가을보리를 사이갈이해 파종하는 법,[318] 맥전(麥田)에 조를 사이갈이해 파종하는 법은[319] 모두 이 법과 동일하다.[320]

○ 입에 망을 씌운 소를 사용해 양 묘간(두 이랑 사이)을 갈아주는 것은[321] 기장·조의 밭과 동일하다.[322] 잡초가 다시 무성해지면 재차 간다.

○ 녹두는 척박한 밭이나 황무지에 모두 파종할 수 있다.[323] 드물게 뿌리고[324] 한 번 호미질한다.[325]

種大豆 小豆 菉豆


○ 大豆小豆種 皆有早有晚 (早種 鄕名 春耕 晚種 鄕名 根耕 根耕者 耕兩麥根也) 早種 三月中旬至四月中旬 可種也 治田不可過熟 下種 每科不過三四箇 (下種多 則茂密少實 然肥田種欲稀 薄田種欲稠) 田若埈薄 用糞灰 宜小不宜多 鋤不過再 (吐花時 不可鋤 令花落) 葉盡收之 收訖耕之 以擬明年 (不耕卽無澤)


○ 大豆根耕 (刈兩麥 旋耕其根也) 耕耘及收 皆與早種同 但下種 每科四五箇


○ 小豆根耕 與大豆根耕同 但撒種於麥根 訖覆耕之 一鋤而止


○ 又一法 田小者 兩麥未穗時 淺耕兩畎間 種以大豆 收兩麥 訖又耕麥根 以覆豆根 大豆田間種秋麥 麥田間種粱 皆同此法


○ 用網口牛 耕兩畎間 與黍粟田同 雜草還茂 則再耕之


○ 菉豆 薄田荒地 皆可種也 稀種一鋤

## 콩과 팥, 녹두 재배법

콩은 우리나라에서 널리 재배하는 작물이다. 가공하면 다양한 식품을 만들 수 있다. 국가가 한전에서 조세를 거둘 때 흔히 황두(黃豆)를 들고 있는데, 그것은 황두(콩)가 밭작물로서 중요하다는 의미다.

콩은 생육 중 높은 온도와 다소 축축한 기후를 좋아한다. 토양 적응력이 강하여 척박한 개간지나 경사진 밭에서도 많이 재배한다. 재배 관리가 쉽고 노력이 적게 들 뿐만 아니라 상당한 수량을 얻을 수 있다.

콩을 재배하는 경우 뿌리혹박테리아가 땅을 비옥하게 하므로 거름을 거의 주지 않는 것이 보통이다. 미생물이 콩과 작물의 뿌리에 뿌리혹박테리아를 형성하여 질소를 고정하기 때문이다. 뿌리혹박테리아는 발아 후 2주일 정도면 착생하기 시작한다. 콩은 박토에서도 잘 자라지만, 많은 수량을 얻고 또 지력을 유지하려면 알맞게 거름을 주어야 한다. 거름이 많으면 웃자라고 줄기만 무성하여 열매가 충실하지 못하게 된다.

콩은 생태적으로 심근성(深根性)이고 잔뿌리가 많으며 근권(根圈) 영역이 넓다. 콩은 생육 기간이 비교적 짧고 다른 작물과 돌려짓기[輪作] 및 섞어짓기[混作] 등에 알맞아 시간적으로나 공간적으로 토지를 고도로 이용할 수 있다. 북부 및 중부 산간지대 등 서리가 일찍 내리고 여름이 냉습한 곳에서는 한 해에 콩을 한 번만 재배하기도 하지만, 중·남부 평야지대에서는 대부분이 맥류의 뒷그루로 재배하고 있다.

콩은 여러 가지 작부 방식에 알맞은 곡식이다. 홀로짓기[單作], 다른 작물과 돌려짓기, 섞어짓기가 가능하며, 지방에 따라서는 맥류를 거두기 전에 이랑 사이에 사이짓기[間作]를 하기도 한다. 그리고 논두렁이나 밭두렁을 이용해 둘레짓기[周圍作]를 하는 경우도 많은데, 논두렁은 토양의 습도나 통기 상태가 좋아 전통적으로 많이 이용했다.

홀로짓기는 양력 5월 중하순, 양맥전에서의 사이짓기는 5월 하순, 뒷그루로 재배할 경우 6월 중순에서 7월 상순까지 가능하다. 낮은 이랑을 만들고, 3~4알씩 점뿌림을 하고, 싹튼 후에 솎아서 포기당 2대 정도를 세운다. 생육 기간이 짧고 기후가 찬 산간지대나 척박한 땅에서는 좀더 배게 심는 것이 좋고, 비옥한 곳에서는 드물게 심는 것이 유리하다. 현대에는 모종으로 재배해 옮겨 심는 방법도 있다. 보릿골에 사이짓기를 할 경우, 이랑 너비에 따라 한 줄 혹은 두 줄로 점뿌림을 한다. 맥류의 뒷그루로 재배할 때는 보리를 수확하는 대로 빨리 심을수록 유리하다. 뒷그루는 맥류의 그루터기를 갈아 약간 높은 이랑을 만들고 그 위에 점뿌림을 한다. 콩은 이처럼 파종 가능 기간이 상당히 길어 4월 말에서 6월 말까지 심을 수 있다.

콩 재배에서 알맞은 재식 밀도를 확보하지 못하면 키가 작고 분지 수가 많아 도복(倒伏, 비나 바람에 쓰러지는 일)에는 강하지만 단위면적당 생육량의 부족으로 소출이 떨어진다. 또 지나치게 밀식이 되면 도복으로 인한 수량 감소가 크다. 따라서 도복이 되지 않는 범위에서 밀식하여 광합성 능력을 최대로 할 때 다수확이 가능하다.

콩이 싹튼 후 초생엽이 나오면 밴 곳을 솎아가며 김을 매고, 2~3cm의 북을 주며, 이때 드문 곳은 보식한다. 다시 2~3주 후에 두벌 김을 매고 높게 북을 준다. 북주기를 하면 물 빠짐이 좋고 새 뿌리가 잘 내려서 생육이 좋아지고 도복도 적어진다.

수확 적기는 잎이 누렇게 변하여 떨어지고 꼬투리가 변색하여 고유의 색깔을 띨 때다. 중부지방은 양력 10월 상·중순, 남부지방은 10월 중·하순 무렵에 수확한다. 낫으로 밑동을 베거나 뿌리째 뽑아서 널었다가 다발로 묶어 말린 다음에 도리깨로 두들겨 탈곡한다. 콩 타작을 가장 늦게 하는 경우가 많아 콩 타작이 끝나는 시점이 한 해 농사의 마지막이 된다.[326]

팥은 재배 특성이 콩과 비슷한 점이 많지만 수량(收量)이 콩보다 떨어지고 용도가 콩에 비하여 제한되어 있기 때문에 재배도 역시 한정된다. 팥은 생육 기간이 콩보다 짧아 서늘한 지방에서 재배하기에 알맞고, 맥류의 뒷그루로 늦심기를 할 때 유리하다. 비교적 메마른 땅에서도 잘 자라고 거름을 탐하지 않는다. 팥은 콩보다도 더욱 따뜻하고 습한 기후를 좋아하여 냉해나 서리의 해를 받기 쉽다.

만생종 팥의 파종 적기는 6월 중순경이고 중·조생은 6월 하순경이 되며 파종 한계기는 중북부에서는 7월 중순경이 되고 남부에서는 7월 하순에서 8월 상순경이다.

팥 파종의 방법에는 조파와 점파가 있다. 조파는 콩 그루갈이와 같이 종자를 보리 그루에 흩어 뿌린 다음 극젱이로 갈아엎는 방법이고, 점파는 호미로 5치 간격으로 심을 곳을 파고 2~3알의 씨를 넣은 다음 흙으로 덮는 방법이다. 씨를 많이 넣으면 빽빽하여 결실이 적다.

팥은 간작이나 후작으로 많이 재배한다. 간작의 경우 생육 기간이 다른 두 개 작물 중 전작물이 자라는 기간에 팥을 파종하여 재배하는 것이고, 후작의 경우 맥후작으로 재배하는 것이다. 강원 지방에서는 간작이 많이 적용되고 중부 이남에서는 후작으로 많이 재배한다.

팥은 혼작을 할 때에도 일사량의 제한에 의한 영향을 콩에 비하여 적게 받으며, 기상 조건이나 병해충에 의한 피해도 적은 편이고 주작물과의 경합에 의한 양분의 탈취도 비교적 적기 때문에 다른 작물과의 혼작에 유리하다.

팥은 씨를 뿌린 후 20일쯤 되어 본엽이 3~4장 나올 때부터 두 차례 정도 김을 매고 북을 준다. 잎이 다 떨어지고 나면 수확하는데, 낫으로 베어 말렸다가 도리깨로 탈곡한다.

녹두는 시비용으로 파종하기도 하지만(2장 셋째 문단, 8장 첫째 문단),[327] 작물로서 재배하는 수가 많다. 녹두는 따뜻한 기후를 좋아하고 내건성(耐乾性, 가뭄에 견디는 성질)이 강하여, 성숙기에 비가 많이 오지 않는 우리나라에서 재배하기 알맞다. 저온에 매우 약하여 15도 이하에서는 생육이 정지된다. 녹두는 과습하면 생육이 부진하고 수량 감소의 원인이 되므로 과습에 주의하여야 한다.

생육 기간이 길지 않으므로 조생종은 고랭지나 고위도지방에서도 재배할 수 있다. 조파를 하기도 하고, 점파를 하기도 한다. 녹두는 콩이나 팥보다 파종 가능한 기간이 길어, 봄녹두는 4월 중순·하순경에, 그루녹두는 6월 하순에서 7월 중순에 파종한다. 수확 적기는 봄녹두의 경우 7월 중순·하순이고, 그루녹두는 10월 상순경이다.

조선 초 콩 관련 자료를 보면, 콩은 황두(黃豆), 숙(菽)으로 표기했고, 팥은 적소두(赤小豆)로도 표현하고 있으며, 녹두는 다른 표기가 없다.[328] 조선 초 콩의 종류는 매우 다양해 『금양잡록』에는 20종이 소개

되어 있다.[329]

콩의 파종에 쓰인 종자의 양은 매우 많았던 것으로 보인다. 부족한 콩 종자를 공급하는 양을 통해 엿볼 수 있다. 세종 28년(1446) 1월 경상도에 황두 종자 3만 6,000석을 지급한 일이 있고,[330] 같은 해 2월 황해도에 황두 4만 8,800석을 지급했다.[331] 경상도와 황해도의 황두 파종에 소요되는 양이 수만 석에 달하고 있는 것이다.

콩은 가공해 식품으로 만들 수 있었는데, 국가에서는 진휼 시에 적극 활용했다. 생활이 궁핍한 백성에게 직접 콩을 지급하기도 했지만, 장(醬)을 만들어 지급하기도 했다. 태종 11년(1411) 11월, 풍해도에서 각 관에서 비축하고 있는 진두(陳豆) 500석으로 장을 담가 기민을 진휼했다.[332] 태종 14년 7월 경주(慶州)·영천(永川)·영해(寧海) 등 고을에서 한황(旱荒)이 심하자, 경상도도관찰사가 의창의 진두를 내어 민으로 하여금 장을 만들게 해서 진제(賑濟)에 대비케 할 것을 보고했다.[333]

『세종실록지리지』를 바탕으로 한 통계를 보면(〈표 5〉 참조), 콩은 334개

〈표 5〉 『세종실록지리지』의 지방별 콩 재배 군현 수 및 백분율[334]

| | 경상도 (66) | 전라도 (56) | 충청도 (55) | 경기 (41) | 강원도 (24) | 황해도 (24) | 평안도 (47) | 함길도 (21) | 계 (334) |
|---|---|---|---|---|---|---|---|---|---|
| 菽 (콩) | 34 (51.51) | 55 (98.21) | 52 (94.54) | 41 (100.0) | 24 (100.0) | 24 (100.0) | 32 (+11) (68~91) | 19 (90.47) | 281 (+11) (84~87) |
| 小豆 (팥) | 1 | 2 | 28 | 38 (+2) | | 24 | 1 | 2 | 96 (+2) |
| 菉豆 (녹두) | | | 3 | 11 (+2) | | 5 | | | 19 (+2) |

규현 가운데 292개 군현에서 재배되므로 87%를 점유한다. 매우 보편적인 작물이었음을 알 수 있다. 경기·강원도·황해도에서는 100%의 군현에서 재배하고 있다. 가장 적게 재배하는 도는 경상도이지만, 50%를 상회한다. 평안도와 함길도에서의 재배 비율도 매우 높은 편이다.

팥은 98개 군현에서 재배하고 있으며, 경기와 황해도·충청도에서 재배가 활발하지만 다른 도에서의 재배는 매우 부진하다. 녹두는 겨우 21개 군현에서 재배할 뿐이며, 경기·충청도와 황해도가 재배지로 나타나고 있다. 다른 도에서는 재배하지 않는 것으로 기재되어 있다. 이렇게 본다면 콩과 팥에 비해 녹두의 재배는 매우 부진하다고 할 수 있다.

작물의 1년2모작에서 콩[豆]이 널리 활용되었다. 태종 15년(1415) 대소맥을 가을에 파종하고, 이듬해 여름 수확하며, 다시 콩을 파종한다는 기록이 보인다.[335] 대소맥과 콩의 이모작을 뜻하는 것이다. 성종 1년(1470) 9월 지대가 높고 건조한 수전에서 봄에 보리를 파종하고, 여름에 콩을 파종해, 1년에 두 차례 수확한다는 내용이 있다.[336] 봄보리를 파종해 수확한 뒤 다시 콩을 파종해 수확한다는 뜻이다. 콩을 재배함으로써 2모작이 가능해지는 셈이다.

콩은 뒤늦은 파종도 가능했다. 성종 3년 6월 14일, 국왕이 관찰사에게 유시한 내용에, 수재가 심해 화가(禾稼)가 손상을 입어, 민이 실업해 걱정이라고 하면서, 재상(災傷)을 입은 밭에는 다시 콩(또는 조, 메밀)을 파종하면 수확의 희망을 가질 수 있을 것이니, 관에서 종자를 지급하고 수령이 친히 경간(耕墾)을 감독하라고 했다.[337] 콩은 늦은 파종이 가능해 대파(代播)할 수 있는 작물의 구실을 할 수 있는 것이다.

## 콩과 팥의 재배법 일반

콩과 팥의 종자에는 모두 이른 것과 늦은 것이 있다. 즉 일찍 심는 것과 늦게 심는 것이 있다는 의미다. 일찍 파종하는 것을 봄갈이라고 부르고, 늦게 파종하는 것은 그루갈이라고 부른다. 그루갈이는 보리와 밀을 수확한 뒤 뿌리를 갈고서 경작하는 것이다. 곧 보리·밀의 뒷그루로 재배한다.

이른 종자는 3월 중순에서 4월 중순에 파종할 수 있다. 늦은 종자는 양맥을 수확한 뒤에 파종하므로 이른 종자보다 2개월 이상 늦은 6월 상순에 파종했을 것이다(6장 둘째 문단 참조).

밭을 다스릴 때에는 지나치게 익힐 필요가 없다. 즉 흙덩이를 잘게 부숴 곱고 고르게 만들 필요가 없으며, 또 평평하게 할 필요도 없다는 것이다. 흙덩이가 어느 정도 있어도, 경지가 다소 울퉁불퉁해도 지장이 없다는 것이다. 갈이 작업과 정지 작업에 노력을 크게 기울이지 않아도 되는 작물이다. 아마 얕은 고랑과 낮은 이랑으로 간략히 구분한 것 같다. 콩은 어느 곳에서나 잘 자라기 때문에 특정 토양을 선택할 필요가 없다.

파종할 때에는 구멍마다 서너 개를 넘지 않게 한다. 서너 개를 포기 구멍마다 넣어주면 된다. 포기에 종자가 많으면 무성하고 조밀할 뿐 결실이 적어진다. 좁은 공간에서 다수의 콩(혹은 팥)이 자라서 서로 얽혀서 위로 자랄 뿐 가지가 뻗지 않아 결실이 적을 수밖에 없다. 비옥한 밭에서는 종자를 드물게 뿌리고, 척박한 밭에서는 조밀하게 뿌리는 것이 좋다.

척박한 밭의 경우에는 분회를 사용하되 적어야 하고 많아서는 안 된다. 콩과 팥 자체가 뿌리혹박테리아의 활동으로 인해 토지를 비옥하게 하므로 거름을 많이 쓰면 오히려 해가 된다는 뜻이다. 거름을 쓰지 않아도 되지만 척박한 경우에는 쓸 수밖에 없는데 적은 분량을 사용해야 한다.

김매기는 두 번을 넘지 않도록 한다. 많아야 두 번을 한다는 의미이기 때문에 한 번 해도 괜찮다는 것이다. 그러나 콩과 팥의 꽃이 필 때에는 김매기를 해서는 안 된다. 김매기를 하는 과정에서 콩과 팥에 충격을 주어 꽃이 떨어지기 때문이다. 꽃이 떨어지면 당연히 열매가 적어 수확이 감소한다. 통상 콩과 팥은 북주기를 하는데 『농사직설』에는 이에 대한 언급이 없다.

콩과 팥의 잎이 다 떨어지고 열매만 남았을 때 수확한다. 콩과 팥 작물의 잎이 다 떨어진 상태에서 수확한다는 것이다. 콩과 팥은 이처럼 완전히 익었을 때 수확한다.

수확한 뒤 갈이 작업을 해주면 토양을 윤택하게 해서 내년 농사에 도움을 준다. 갈이를 하지 않으면 윤택함이 없게 된다. 무엇보다도 토양 속의 수분 유지에 보탬이 된다. 콩을 수확한 뒤 양맥을 재배하는 것에 대한 고려가 없다. 이 경우에는 1년1작으로 재배하는 것이다.

구멍을 만들어 종자를 넣고 그것을 덮는 과정에서 가장 많이 쓰인 농기구는 호미라고 여겨진다. 김매기 작업에도 역시 호미가 널리 쓰였다. 수확한 뒤 갈이 작업을 할 것을 언급하고 있는데 이때에는 쟁기를 사용했을 것이다.

### 콩의 그루갈이

콩의 그루갈이는 보리와 밀을 벤 뒤 그 뿌리를 갈아엎고 재배하는 방식이다. 보리와 밀을 수확한 뒤 그 밭을 갈고서 콩을 재배하는 것이다. 이때 재배하는 콩은 늦콩이다. 이른 콩은 3월 중순에서 4월 중순에 파종하지만, 늦콩은 이보다 늦은 6월 상순에 파종하게 된다(6장 둘째 문단 참조). 양맥과 대두의 이모작을 확인할 수 있다. 양맥을 수확한 뒤에 다른 작물을 심으려면 늦게 파종하는 종자여야 한다. 생동차조(5장 둘째 문단), 강피(6장 둘째 문단)와 더불어 대두도 양맥을 추수한 뒤 재배하는 작물이다.

갈이법, 김매기법 및 수확하는 법은 모두 이른 종자와 동일하다.

다만 종자를 넣을 때 구멍마다 네다섯 개로 한다. 구멍에 넣는 종자의 수가 이른 종자보다 많다. 양맥을 재배한 밭이기 때문에 상대적으로 비옥함이 떨어져서 더 많은 수의 종자를 넣은 것으로 보인다.

김매기가 두 번을 넘지 않는 것과, 잎이 다 떨어졌을 때 수확하는 것은 올콩과 동일하다. 양맥과 대두의 이모작은 자연스러운 것으로 기술하고 있다. 두맥(豆麥)의 이모작은 이 시기보다 훨씬 이전부터 시행된 것으로 보인다.


### 팥의 그루갈이

팥의 그루갈이는 콩의 그루갈이와 같다. 즉 양맥을 수확하고 갈이 작업을 한 뒤 파종한다.

그루갈이기 때문에 늦게 파종하는 것이므로, 일찍 파종하는 춘경과 대비된다.

그런데 팥의 그루갈이는 콩의 그루갈이와 약간의 차이가 있다. 즉 콩은 점파지만 팥은 조파다. 양맥의 뿌리 부분에 팥을 흩어 뿌린 뒤 양맥을 재배하지 않은 묘간을 갈아서 흙을 일으켜 팥을 덮어주는 것이다. 늦팥은 양맥을 재배한 밭에 이어서 재배한다. 고르게 팥씨를 뿌리는 것이 매우 중요할 것이다. 농종법으로 팥을 재배하는 것임은 안 수 있다. 양맥이 농종법을 택했다면 이랑에 팥을 파종하고 고랑의 흙으로 덮는 것이고, 양맥 재배가 견종법이라면 고랑에 팥을 파종하고 이랑의 흙으로 덮는 것이다. 농작업을 생각하면 후자가 편리할 것으로 보인다.

김매기는 한 번만 한다. 김매기는 한 번으로 충분하다는 뜻이다.


## 사이짓기하는 법

밭이 적은 자는 보리와 밀이 아직 이삭이 나오지 않았을 때 양맥이 자라지 않는 양 묘간을 얕게 갈고서 콩을 파종한다. 양맥을 수확한 뒤에 맥근을 갈아서 묘간에 이미 파종한 콩의 뿌리를 덮어준다. 양맥을 농종하는 것이 견종(畎種)하는 것보다 농작업이 편리했을 것으로 보인다.

콩밭에서 추맥을 사이짓기하는 것[콩 수확 후 파종한 추맥(秋麥)을 덮어주기 때문에 추맥은 농종이 된다], 맥전에서 조를 사이짓기하는 것(맥 수확 후 파종한 조를 덮어주므로 조는 농종법)도 모두 이 법과 동일하다. 사이짓기하는 경우 양맥이 전작이든 후작이든 모두 이랑에서 생장해야 편리하다.

밭이 적은 자가 사이짓기를 한다고 언급했다. 물론 밭이 많은 이도 할 수 있을 것이다. 사이짓기를 하면 파종 및 발아가 앞당겨지므로 결과적으로 수확이 빠르고, 수확이 빠르기 때문에 양맥을 파종할 시간을 확보할 수 있다. 양맥을 수확한 뒤 콩과 팥을 그루갈이하는 경우, 콩의 수확이 늦어져서 양맥을 파종할 시점을 놓칠 수 있다. 안정적인 이모작을 위해서는 사이짓기를 해서 수확 시점을 앞당겨야 한다. 그래야만 가을에 양맥 파종의 시점을 확보할 수 있다.

양맥이 아직 이삭이 나오지 않았을 때, 수확하는 데까지는 일정한 기간이 남은 상태일 때, 양맥이 자라지 않는 양 묘간을 얕게 갈고 그곳에 콩을 파종한다. 천경(淺耕)으로 표현하므로 골을 타서 파종했을 것으로 보여, 조파의 가능성이 크다. 양맥을 수확한 뒤, 양맥의 뿌리 부분을 [극젱이로] 간다. 뿌리 부분을 갈기 때문에 흙이 일어나 양옆으로 흩어지면서 콩의 뿌리를 덮는다. 콩은 이랑에서 성장하는 셈이다.

부리망 씌운 소를 사용한 묘간 잡초 제거

소에 부리망을 씌워 양 묘간을 갈아주는데, 서속전과 동일하다(5장 첫째 문단 참조).

콩이 묘(畝, 이랑)에서 자라고 있을 때 양묘 사이 즉 고랑에서 잡초가 무성하게 자라게 되는데 그 잡초를 소를 사용해 갈아서 제거한다. 극젱이를 사용해서 갈 것이고 이 과정에서 흙이 일어나고 잡초는 뒤집어지면서 묘에서 자라고 있는 콩에 북을 주는 셈이다.

잡초가 다시 무성하면 또 갈아준다.

수가 이동하면서 갈기 위해서는 양 묘간이 넓어야 할 것이다.

### 녹두 재배법

녹두는 척박한 밭, 황무지에 모두 파종할 수 있다. 즉, 농지로서 조건이 나쁜 곳에서도 재배할 수 있다. 드물게 뿌리고 한 번 김매기 한다. 희소하게 파종한다고 했으므로 종자를 드물게 뿌린 것으로 보인다.

# 8

## 보리와 밀의 재배법
### 봄보리를 덧붙임

○ 보리[大麥]와 밀[小麥]은 신구(新舊) 사이 먹을 것을 이어주는 것이므로[338] 농가에서 가장 급박한 것이다.[339] 척박한 밭은 백로절(白露節)[340]에, 중간의 밭은 추분에, 좋은 밭은 추분 10일 뒤에 파종한다. 너무 일찍 파종해서는 안 된다. 옛말에 이르기를, "일찍 파종하면 벌레가 있고 마디가 생긴다"고 했다.[341]

[파종하기 전에] 먼저 5~6월 사이에 갈아서 햇볕을 쬐여준다. 목작(木斫) 향명은 소흘라을 사용해 흙을 부수고 평평하게 해준다. 파종할 때 또 갈아준다.[342] 파종[343]을 마친 뒤에 철치파(鐵齒擺) 향명은 수수음 혹은 목작배(木斫背) 향명은 소흘라배(所訖羅背, 등써레, 써레등)[344]로 종자를 덮어주는데 마땅히 두껍게 해준다.[345] 일찍 파종하면 뿌리가 깊어서 추위에 잘 견디고, 늦게 파종하면 이삭이 작다. 이듬해 3월 사이에 한 번 김매기 한다.[346]

맥(보리·밀)의 그루갈이하는 법은 위의 법에 의거한다.[347]

기장·콩·조·메밀을 [심은 곳을] 그루갈이하는 밭의 경우, 미리 곡식
(기장·콩·조·메밀)을 수확하기 전에 자루가 긴 큰 낫으로 풀이 아직 누
렇게 되기 전에 베어서 밭 두둑에 쌓아둔다. 곡식의 수확을 마친 뒤에
[베어놓은] 풀을 밭 위에 두텁게 펴고 불을 놓아서 태운다. 종자를 던져
뿌리고 재가 흩어지지 않았을 때 간다.[348]

척박한 밭은 두 배로 풀을 깔아준다.[349] 만약 풀을 베지 못했다면 분
회[350]를 사용하는데, 콩과 팥의 방식과 같다.[351]

혹은 그 [척박한] 밭에 먼저 녹두나 참깨를 파종한 다음 5~6월 사이
에 갈아엎고 풀이 썩어 문드러지기를 기다린 뒤에 [양맥을] 파종한다.
이때에(파종 시에) 갈고서 씨를 뿌리는 것은 앞에 서술한 방법과 같다.[352]


○ 봄·여름 사이에 가는 버드나무 가지를 꺾어 우마의 외양간에 깔았
다가 대엿새마다 꺼내 쌓아둬 거름으로 만든다.[353] [이것이] 맥(보리·밀)의
농사에 심히 좋다.[354]


○ 보리와 밀은 익는 대로 베어서 즉시 마당으로 옮기고[355] 이엉[苫]
으로 덮어서 비를 막아준다. 만약 마당으로 옮기지 못하면 또한 반드
시 밭 두둑의 높은 곳으로 옮겨 덮어놓았다가 밤을 타서 [마당으로] 운
반해 들인다. 맑은 날씨를 만나면 맥을 마당에 얇게 펼쳐둔다. 두꺼우면
마르기 어렵다. 마르는 대로 타작[輾] 향명은 타작(打作)한다.[356] 농가의 급한
것이 맥보다 심한 것이 없다.[357] 옛말에 이르기를, "맥을 취하는 것은[358]

불을 끄는 것과 같다"고 했다. 만약 조금이라도 늦추거나 게을리하면 끝내 재상(災傷)[359]이 된다.


○ 봄보리는 2월 사이에 양기가 온화한 날에 간다. 2월이 지나면 그친다.[360] 씨를 뿌리는 법, 김매기 하는 법, 수확하는 법은 모두 추맥[361]과 같다.[362]


### 種大小麥 (附 春麰)


○ 大小麥 新舊間接食 農家窘急 薄田白露節 中田秋分時 美田後十日 可種 大早又不可 (古語曰 早種則虫而有節) 先於五六月間 耕之曝陽 用木斫 (鄉名 所訖羅) 摩平 下種時又耕之 下種 訖以鐵齒擺 (鄉名 手愁音) 或木斫背 (鄉名 所訖羅背[363]) 覆種宜厚 (早種則根深耐寒 晚種則穗小) 明年三月間 一鋤之 麥根田 則依上法 黍豆粟木麥根田 則預於收穀前 用長柄大鎌 及草未黃時 刈之 積在田畔 收穀 訖以其草厚布田上 火焚擲種 及灰未散耕之 薄田倍加布草 如未及刈草 用糞 又如大小豆法[364] 或於其田 先種菉豆或胡麻 五六月間掩耕 待草爛後 下種 時又耕種之 如前法


○ 春夏間 剉細柳枝 布牛馬廐 每五六日取出 積之爲糞 甚宜於麥


○ 大小麥 隨熟隨刈 卽輸於場 用苫盖覆 以防雨作 若不及輸場 亦須輸運於田畔高處 盖覆 乘夜輸入 遇晴 以麥薄布場上 (厚則難乾) 隨乾隨輾 (鄉名 打作)

農家所忙 無過於麥 古語曰 取麥如救火 若小遲慢 終爲災傷

○ 春麰 二月間陽氣溫和日 可耕 盡二月止 種法耘法收法 與秋麥同

### 보리와 밀의 재배법, 봄보리 재배법을 덧붙임

보리와 밀(양맥)은 농민의 중요한 식량자원이었다. 가을철 수확한 곡물로 겨울을 지내고 봄을 맞아, 먹을 것이 다 떨어질 무렵 수확하는 것이 양맥이었다. 양맥의 수확 직전이 가장 곤궁한 때라고 해서 '보릿고개'라 불렸다.

보리는 밀·벼·옥수수 다음가는 곡물로서 세계 4대 식량작물에 속한다. 우리나라에서는 오랫동안 쌀 다음의 주곡식량이었다. 비교적 서늘하고 건조한 기상 조건에 적응하는 작물이다. 보리는 겨울을 지나는 작물로서 겨울철 유휴 농경지를 활용한다. 벼·콩 등의 하작물과 2모작으로도 재배한다.

겨울을 나는 동안 눈에 덮이지 않은 채로 영하 17~19도로 기온이 급격히 내려가면 얼어 죽을 우려가 있다. 일조는 건조의 우려가 없는 한 많을수록 생육이 왕성하고 수량도 많다. 토양 수분은 넉넉해야 좋지만 과습은 좋지 않다.

밭을 깊게 갈고 흙덩이를 부숴 곱게 만들어야 발아와 초기 생육에 좋다. 파종은 중부지방의 경우 양력 10월 상순, 남부지방은 10월 하순경이다. 맥류는 포장(圃場)에 직파하므로 토양 상태에 의하여 발아나 생육 상황이 달라진다. 그러므로 경운(耕耘)과 정지는 정성을 들여서 작업하는 것이 바람직하다.

파종 방법은 기본적으로 점파·조파·산파의 세 가지가 있지만, 보통 조파(줄뿌리기)를 한다. 논에서는 통로 사이의 상당히 넓은 바닥 전면에 흩어뿌리기를 하는 경우가 많다[畦立廣散播].[365]

현대의 농법에서 밭에서의 보리 재배 방법은 다음과 같다. 갈고 고른 다음, 골을 파고 거름을 뿌린 후 흙과 잘 섞고 골 바닥을 예정한 너비로 판판하게 고른다. 씨는 줄뿌림한다. 그 위에 두엄을 뿌리고 흙을 덮는다. 씨는 보통 3cm 정도로 덮어준다. 너무 얇으면 표토가 건조해 싹이 트는 데 지장이 있으며, 너무 깊으면 싹트기와 분얼이 늦어진다. 점파는 종자 3~5립을 한곳에 모아 파종하는 방법으로 종자의 균등 배치라는 면에서 장점이 있으나 인력으로는 파종 노력이 많이 들고 월동 기간 중 추운 지방에서는 얼어 죽는 수가 있다.

파종 작업에 가장 중요한 것은 얼마나 균일하게 파종하느냐다. 파종의 균일 여하에 따라서 발아나 생육뿐 아니라 수량에도 영향을 미치기 때문이다. 다수확을 위해서는 균일하게 발아시켜 입모(立毛)를 고르게 하는 것이 매우 중요하다.

겨울을 나기 전에 지나치게 자라거나, 포장에 서릿발이 서거나, 봄철 토양이 매우 건조할 때, 식물체와 흙을 함께 밟는다. 이것은 지나친 생육의 억제, 뿌리 발달의 촉진, 분얼의 조장, 출수의 균일화, 도복의 방지 등의 효과가 있다. 『농사직설』에는 밟아주기를 언급하고 있지 않다.

보리농사는 비료로 짓고 벼농사는 지력으로 짓는다는 말이 있듯이 벼는 관개수로부터 양분이 공급되므로 무비(無肥) 재배에서도 70~80% 의 수량을 얻을 수 있지만, 보리는 30~40%의 수량밖에 얻을 수 없다. 보리에 대한 시비에는 밑거름과 웃거름이 있는데, 웃거름은 월동 후 기온이 따뜻하여 보리 생육이 다시 시작되는 시기에 주는 것이 효과적 이다.

보리의 수확기는 망종(양력 6월 6일경) 무렵이 최적기다. 양맥의 수확 은 시간을 다투는 작업이었다. 낟알이 잘 떨어지기 때문이다. 그리고 장마가 이어지는 것도 수확을 급하게 했다. 때문에 때맞춰 즉시 베고 즉시 타작하는 것이 중요했다.

세종 7년(1425) 5월 29일, 경기감사에게 장마가 장차 올 것 같으니 양 맥이 성숙하면 즉시 베도록 독려하라고 지시했다.[366] 양맥은 익는 즉시 베어 타작하는 것이 바람직함을 표현한 것이다.

세종 12년 6월 2일 지금 양맥이 성숙한데 무지한 민이 때맞춰 베어 수확하지 않아 장맛비[霖霧]의 손상을 입는다고 하면서, 성숙하면 즉 시 베어 수확하도록 해 때를 잃지 않도록 하라고 수령에게 지시했다.[367] 모든 작물이 그렇듯이 때맞춰 수확하는 것이 중요했지만 양맥은 더욱 그러했다.

타작마당은 잡풀을 뽑고 평평하게 고른 다음, 굴대를 굴려 매끈하게 다져야 한다. 타작은 햇볕이 나는 쾌청한 날이면 좋다. 우선 보릿단을 풀어 헤치고 이삭이 서로 마주 보게 일정한 두께로 펼쳐 잠시 말린 후 농군들이 마주 보고 서서 도리깨질로 타작을 한다. 한 번 두들긴 다음에 보릿대를 뒤집어놓고 나시 한번 도리깨질을 하면 타작이 완료된다.

양맥은 가을에 파종해 겨울을 지나고 봄이 되면 이삭이 나오고 익어가므로 기상 재해로 인한 피해가 큰 편은 아닌 것 같다. 그럼에도 자연 재해를 입어 양맥의 수확이 여의치 못한 일이 많았다. 양맥이 입는 재해의 종류는 다양하다. 봄 가뭄,[368] 우박,[369] 봄비,[370] 동상(凍傷)[371]이 중요한 피해 요인이었으며 충해[372]와 풍해[373]도 없지 않았다.

밀도 보리와 마찬가지로 겨울을 넘기는 월동작물이다. 겨울은 온도가 낮고 햇볕도 약하여 광합성이 잘 되지 않으며 양분의 흡수도 불량하다. 따라서 겨울에는 생육이 정지되고 봄이 되어야 생육이 왕성하게 된다.

밀은 보리에 비해 산성에 강하고, 메마른 땅이나 건조 또는 습한 땅에도 잘 적응한다. 추위나 가뭄, 도복 등에 대한 저항성도 커서 재배하기가 더욱 쉽다. 밀은 습해(濕害)에 약한 작물이므로 배수로 정비를 철저히 하여 습해를 받지 않도록 해야 한다.[374]

밀의 재배 방식은 지역에 따라 차이가 있으며 크게 조파와 산파로 구분되며 조파라도 조간(條間)과 파폭(播幅)의 변화가 심하고 산파의 경우에도 지역에 따라 두둑 너비와 고랑 너비의 차이가 크다. 현대의 논밀 파종 방법은 휴립광산파(畦立廣散播)·평면세조파(平面細條播)·휴립세조파(畦立細條播) 등 세 가지가 있다.

밀은 보리보다 재배하기 쉬운 점들이 있기는 하지만, 수확기가 보리보다 10일 안팎이나 늦어서 논과 밭에서의 2모작에 불리할 뿐만 아니라 수량과 가격이 보리보다 낮으며 수익성도 보리보다 떨어진다.

보리가 밀보다 약간 일찍 수확하고 있음은 조선 초의 기록에서도 확인할 수 있다. 연산군 8년(1502) 6월 9일, 강원도관찰사 이복선(李復善)이 치계한 내용에, 도처에 양맥이 익어가고 있다고 하면서, 대맥(보리)은 이미 반을 수확했고, 소맥(밀)은 결실을 맺었다고 했다.[375] 결국 대맥은 수확을 어느 정도 했지만, 소맥은 결실을 맺었으나 아직 수확 작업을 시작한 것이 아니었음을 지적한 것이다. 소맥보다 대맥의 수확 시점이 다소 앞섬을 알 수 있다.

조선 초 맥[376]의 재배 지역은 전국 334개 군현 가운데 277개로 82%를 차지한다. 전라도와 황해도에서는 모든 군현에서 재배하고 있다. 가장 적게 재배하는 지역은 경상도와 함길도이지만 50%를 상회한다(〈표 6〉 참조). 양맥은 결국 전국의 거의 모든 군현에서 재배한 보편적인 곡물이다.

보리와 밀은 조선 초 농가의 식량으로 매우 중요했다. 가을철 수확한 것으로 겨울을 해결하고 나면 봄을 맞이했을 때는 식량의 부족을 겪는 수가 많았다. 그렇기 때문에 봄철 식량원의 확보는 매우 중요한 일이었다. 대부분의 곡물은 가을에 수확하기 때문에 봄철 식량으로서

〈표 6〉 『세종실록지리지』의 도별 맥 재배 군현 수 및 백분율[377]

| | 경상도 (66) | 전라도 (56) | 충청도 (55) | 경기 (41) | 강원도 (24) | 황해도 (24) | 평안도 (47) | 함길도 (21) | 계 (334) |
|---|---|---|---|---|---|---|---|---|---|
| 麥 (보리와 밀) | 38 (57.57) | 56 (100.0) | 43 (78.18) | 38 (92.68) | 23 (95.83) | 24 (100.0) | 32(+11) (68~91) | 12 (57.14) | 266(+11) (79~82) |

기능힐 수 있는 섯은 양맥뿐이었다. 양맥을 확보한다면 일시적으로 식량문제를 해소할 수 있었다. 그렇기 때문에 양맥이 익어갈 무렵이 가장 식량이 곤궁한 때일 수밖에 없었다. 그 시기가 이른바 춘궁기, 보릿고개다.

세종 17년(1435) 6월, 예조와 의정부가 아뢴 내용에, 양맥은 민생에 매우 절실하다는 지적이 보인다.[378] 세종 17년 7월 힘길도김사가 양맥이 민에게 매우 절실한데[兩麥甚切於民], 함길도민이 재배에 힘쓰지 않는다고 언급했다.[379] '양맥은 농식에 가장 절실하다[兩麥最切於農食]',[380] '농식은 오로지 양맥에 있다[農食專在兩麥]',[381] '농식은 오로지 양맥에 의뢰한다[農食專賴兩麥]'라는 표현이 보인다.[382] 이처럼 양맥은 농식(農食), 민생(民生)에 아주 절실한 것이다. 지난해 가을 수확한 곡물을 다 소진할 무렵에 식량원으로 구실을 하기 때문에 농민에게 아주 중요했다.

소맥(밀)은 세향의 용도에 특히 중요했다. 성종 12년(1481) 4월, 지사(知事) 이극증(李克增)이 '소맥은 제향의 용도에 가장 중요하다[小麥 於祭享之用最要]'라고[383] 언급한 데서 알 수 있다. 소맥을 이용해 제향에 필요한 제물을 갖추는 것이다. 백성의 먹거리로서는 밀보다는 보리가 큰 비중을 차지했던 것으로 보인다.

국가의 진휼이 가장 필요한 시점은 양맥이 익기 직전이었다. 세종 10년 3월, 경기감사가 양맥이 익을 때까지 가난하여 빌어먹는 자를 구제하자고 요청하자 국왕이 이를 따랐다.[384] 양맥이 익기 전 무렵 많은 이들이 굶주리고 있어서 구제가 절실했음을 알려준다.

세종 19년 4월, 충청도 진휼사 및 경기·경상도·전라도 경차관에게 지금은 신곡이 익지 않고 구곡은 이미 다 떨어진 때로서 먹을 것이 없으니, 기민이 있을 경우 구제를 하라고 지시했다.[385] 가을에 수확한 구곡은 다 소비해버리고 신곡이 아직 익지 않았을 때가 가장 곤궁한 때였다. 이때 기민을 구제하는 것이 중요했다.

양맥이 농식으로서 절실한 것이기에, 양맥이 익기를 학수고대했다. 하루라도 빨리 양맥을 얻고자 했다. 때로는 너무 급해서 익지도 않은 양맥에 손대기도 했다.

태종 9년(1409) 윤4월, 수원부사(水原府使) 이지강(李之綱)이 도당(都堂)에 상서한 내용에, 지금 양맥이 겨우 익어가고 있는데 굶주린 민이 먼저 익은 이삭을 취해 겨우 생활해간다는[386] 말이 있다. 식량의 부족으로 굶주리고 있는 민으로서 양맥은 생존을 이어가는 데 절실한 것이었다.

춘궁기에 고생을 하지만, 양맥이 익어간다면 굶주림을 해소할 수 있었다. 세종 1년 4월, 국왕과 신료들이 논의하는 중에, 신료들은 양맥이 익으면 백성이 먹을 것을 얻는다고 했으며, 국왕은 양맥이 익으면 민이 죽음에 이르지는 않는다고 했다.[387] 양맥이 익으면 먹을 것이 해소됨을 읽을 수 있다.

양맥이 익으면 통상 구제를 중단하는 것으로 보인다. 세종 1년 6월, 충청도감사가 양맥이 익은 후에 구제를 중지토록 하고, 맥이 다 떨어진 뒤에 다시 구제를 행하도록 요청한 사실에서 알 수 있다.[388] 양맥이 익으면 구제를 중단하는 것이 통상의 일로 보인다.

세종 3년 4월, 호조판서 이지강(李之剛)은 금년 모맥이 비로소 익어가서 민식을 이어갈 수 있으므로 구제를 혁파하도록 청했다.[389] 모맥이 익어가면 그동안 진행하던 구제를 중단했다. 양맥이 익기 직전에 구제가 절실하고 양맥을 수확하면 구제를 중단해도 된다는 것이다.

양맥의 경우에도 좋은 종자의 확보에 노력했다. 잘 성장하는 것이 중요하고, 또 소출이 많아야 했다. 특정 지역에서 우수한 품종을 발견하는 경우, 그것의 재배를 확산하려고 노력했다. 세종 19년 5월 근일 예천군에서 바친 모맥은 한 줄기에서 3개 혹은 4~5개의 이삭이 나왔는데, 이 이삭을 취해 재배한다면 후년에도 이와 같이 이삭이 나올 것이니 성숙함을 기다려 종자를 취해 그 수를 보고하도록 하라고 하면서, 경상도감사에게 먼저 1두(斗)의 종자를 보낸다고 했다.[390] 소출을 많이 내는 모맥 종자의 확산에 관심을 기울이고 있음을 볼 수 있다.

세종 19년 5월, 충청도감사에게 근일 황간현에서 한 줄기에서 4개의 이삭이 나오는 모맥을 바쳤는데 재배해 시험코자 한다고 하면서, 만일 이와 같은 종자가 있으면 성숙한 뒤에 종자를 취해 수량을 갖춰 아뢰도록 했다.[391] 이처럼 소출이 많은 종자의 확보, 그 재배의 확산에 노력했다.

양맥 종자의 확보는 매우 중요했다. 새로운 종자의 확보가 여의치 못한 경우 묵은 종자를 활용하는 것이 무방하다면 이는 실로 종자 확보에 큰 도움이 될 수 있는 것이었다. 세종 21년 7월, 의정부에서 계문한 내용에, 지금 들으니 장단인(長湍人) 이길(李吉)이 묵은 소맥을 파종했는데, 결실이 새 종자와 다름없다고 하면서 각 도에서 농민이 소맥 종자가 부족하다면 각 관에서 축적한 묵은 소맥을 대여해 파종케 하라고 했다. 대맥은 적전에서 묵은 종자[陳種]를 시험케 하라고 계문했다.

국왕이 이를 따랐다.[392] 소맥의 경우 묵은 종자를 뿌려도 수확에 지장이 없지만 대맥의 경우는 그렇지 않은 듯하다. 결국 밀은 종자로서의 수명이 긴 데 반해 보리는 그렇지 않은 것으로 보인다.

양맥을 파종하는 시기는 가을이었다. 가을에는 기상 이변이 많지 않지만 없는 것도 아니었다. 무엇보다도 심각한 추위가 일찍 다가오면 파종은 매우 어려운 일이었다. 추위가 예년보다 앞당겨 오면 양맥의 파종 시기를 놓치게 된다.

문종 즉위년(1450) 8월, 영의정부사(領議政府事) 하연(河演)이 올가을은 이미 추워져서 양맥을 파종하지 못했다고 하면서, 미리 내년 봄보리 종자 수백 석을 준비해 초봄에 파종해 농가의 양식을 돕도록 하라고 상서했다.[393] 양맥을 파종할 즈음에 갑자기 추워진다면 양맥의 파종은 불가능해진다.

겨울철에 눈이 내리는 것은 양맥의 작황에 매우 유리했다. 중종 7년(1512) 10월, 시독관 이항이 눈이 내리면 토맥(土脈)이 윤택해지고, 또 눈이 양맥을 덮은 연후에 양맥이 익을 수 있다는 것이다.[394] 겨울철 눈이 내려 보리와 밀을 덮으면 풍년이 들 수 있다고 여겼다.

세종 9년 12월 15일, 진위현감과 덕산현감이 사조(辭朝, 새로 임명된 관리가 부임지로 떠나기에 앞서 임금께 하직 인사를 드리는 일)할 때 국왕이 한 발언에, 우설(雨雪)이 많지 않으면 내년 모맥(麰麥)이 풍년 들지 않는다는 내용이 보인다.[395] 겨울철 눈이 많이 올 때 이듬해 양맥의 농사를 기대할 수 있다.

반면 겨울에 눈이 적게 내리고 게다가 봄비도 적게 오면 양맥의 소출은 큰 지장을 받게 된다. 중종 35년 5월, 지난겨울 눈이 적게 내렸고, 봄비 역시 많지 않아 토지가 윤택하지 않았는데, 게다가 4월부터 비가 오지 않아 화곡(禾穀)이 마르고 있다고 했다.[396] 겨울철에 내리는 눈이 농사에 매우 중요함을 확인할 수 있다.

성종 1년(1470) 6월 10일, 사간원 대사간 김수녕(金壽寧) 등이, 지난겨울부터 눈이 오지 않았고 봄에도 비가 오지 않아 맥모 말라버렸다고 상소했다.[397] 성종 21년 3월 21일, 사헌부 지평 서팽소(徐彭召), 사간원 정언 유정수(柳廷秀)가 지난겨울 눈이 안 왔고, 금년 봄에 비가 안 와서, 천택이 마르고 양맥이 말라 죽었다고 발언했다.[398]

겨울철 눈이 오지 않으면 양맥이 입는 피해가 컸다. 동상(凍傷)·동사(凍死)의 위험이 있고 게다가 봄까지 강수가 없으면 큰 피해를 입었다. 겨울에 눈이 안 내리고 그것이 봄 가뭄으로 이어지면, 그 피해는 엄청났다. 그렇지만 양맥은 상대적으로 바람·서리 등 자연재해의 피해를 덜 입는 편이었다.

양맥을 수확한 뒤, 곧바로 양육 기간이 짧은 벼를 재배하는 수도 있었다. 짧은 기간 안에 수확이 가능한 벼를 재배하는 경우 이모작이 가능했다. 오십일도는 생장 기간이 매우 짧았다. 그렇기 때문에 간혹 노농이 모맥을 이미 수확한 뒤에 갈아엎고 물을 끌어들여 오십일도를 파종해 수확해서 이익을 얻는 자가 있었다.[399] 모맥 재배 뒤에 오십일도를 재배하는 것으로 오십일도 수확이 종료되면 다시 모맥을 재배할 수 있었을 것이다.

문종 1년(1451) 10월에도 비슷한 언급이 보인다. 중추원사(中樞院使)

이징석(李澄石)의 상언에, 노농이 모맥을 수확한 뒤에 갈아엎고 물을 끌어들여 오십일도를 파종해 이익을 얻는 자가 있다는 것이다.[400] 모맥과 오십일도의 이모작이 이루어지고 있는 셈이다. 양맥과 벼의 이모작은 조선 초 보편적인 재배법은 아니지만 시도되고 있음은 분명한 사실이다.

양맥과 콩의 이모작은 보편적이었던 것으로 보인다. 두 번의 재배를 전제로 해서 수세하는 방법이 논의되기 때문이다. 태종 15년(1415) 10월 처음으로 맥전(麥田) 조세법을 정했다. 이때 논의 중 언급한 내용에서 이모작을 엿볼 수 있다. 가을에 대맥과 소맥을 파종해 이듬해 초여름에 수확하고 또 콩을 심는다. 그런데 구례(舊例)에서는 1년의 조(租)만을 거두었는데, 호조에서 두 번의 세를 청했고 형조판서도 동조했다. 반면 경기감사 허지(許遲)는 맥을 수확할 때 답험(세금을 제대로 거두기 위해 풍흉을 실지 조사함)하고, 콩을 수확할 때 또 답험하여, 함께 계산해(합산해) 손실을 정해 다만 1년의 세를 걷자고 주장했다. 국왕이 경기감사의 주장을 수용했다.[401] 맥과 콩의 수확 때마다 각각 답험해 결국 두 차례 답험해 손실(損失)을 정하고 그것에 기초에 한 번의 조세 징수를 하자는 것이다. 밭에서 양맥과 콩의 이모작이 관행이었음을 알려준다. 이모작은 관행이지만 두 작물에 대해 각각 징세함으로써 한 토지에 두 번의 징세를 해서는 안 된다는 뜻이다.

보리는 파종 시기에 따라 춘파형인 봄보리, 추파형인 가을보리로 나뉜다. 춘파성 품종을 가을에 파종하면 추위에 얼어 죽고, 추파성 품종을 봄에 파종하면 영양생장만 계속하고 이삭이 형성되지 않는다. 겨울

의 추위가 심하여 가을보리를 파종하기 힘든 강원도·평안도 같은 중북
부 산간지방에서 봄에 보리를 파종한다. 봄보리는 빨리 심을수록 소출
을 많이 얻을 수 있었으므로 혹한기만 넘기면 파종을 서둘렀다.

봄보리 재배는 파종 시기를 놓쳤거나 논의 물 빠짐이 나빠 추파가 불
가능할 때에 가을보리의 보완적인 차원에서 이루어지기도 했다. 가을
보리에 비해 소출량이 적고 밥맛두 다소 떨어진다.

현대의 재배법에서 밭보리일 때는 밭을 살아 가느다란 이랑을 만든
후 '잔골뿌리기[狹播]'를 하고, 논보리일 때는 먼저 논바닥에 종자와 퇴
비를 흩어 뿌리고 고랑의 흙을 파내어 종자를 덮어주는 방식의 '왕골
뿌리기[廣播]'를 한다.

봄보리 종자의 발아율을 높이기 위해 바닥에 충분한 수분을 유지하
는 것이 중요하며, 발아 기간의 단축을 위해 파종하기 전에 '싹틔우기
[催芽]'를 하여 뿌리기도 한다. 미지근한 물이 든 항아리에 종자를 담가
불린 다음, 건져내어 시루에 담아 따뜻한 방에 하루 정도 놓아두면 싹
이 튼다.

봄보리는 이른 절기에 파종해야 했다. 대개 음력 2월에 파종을 완료
하는 것으로 보인다. 성종 21년(1490) 3월 21일 사헌부 지평 서팽소가
금년 봄은 가뭄이 심해 샘과 우물이 모두 말랐고, 추모(秋麰, 가을보리)
는 이미 말라버렸으며, 춘모(春麰, 봄보리) 역시 경종하지 못했다고 계
(啓)한 내용이 보인다.[402] 3월의 시점에서 이미 봄보리를 파종했어야 하
는 것이므로 그보다 앞선 시점이 파종 절기다.

중종 23년(1528) 2월 18일, 간원이 계한 내용에, 춘경(春耕) 전이지

만 방금은 춘모를 경종할 때이므로 농사가 급하지 않다는 내용이 보인다.[403] 봄보리의 파종 시점을 볼 수 있다. 중종 29년 2월 24일, 헌부의 계에서 타위(打圍, 임금이 나가서 하던 사냥) 문제로 춘모 경작을 방해하는 폐단이 적지 않다고 언급했다.[404] 춘모의 경작은 2월에 하는 것을 알 수 있다.

봄보리 역시 식량으로서 중요하기 때문에 재배에 노력했다. 세종 27년 (1445) 1월, 경상도감사가 도내 각 고을의 의창에 있는 춘모 종자 3,590여 석을 민에게 분급해 때맞춰 경종케 할 것을 청하자 국왕이 이를 따랐다.[405] 봄보리의 재배에 힘을 기울이고 있음을 볼 수 있다. 가을보리만이 아니라 봄에 파종하는 봄보리 재배의 확대에 관심을 기울이고 있음을 읽을 수 있다.

세종 27년 2월, 의정부가 강원도 춘모 종자 660석을 민간에 분급해 경종케 하자고 하니 국왕이 이를 따랐다.[406] 강원도에서 봄보리 재배에 힘을 기울이고 있는 것이다.

세종 30년 1월 경상도감사가 춘모 종자 4,065석을 요청하고, 평안도 감사가 춘모 종자 1만 5,030석을 요청하자 들어주었다.[407] 상당한 규모의 춘모 종자가 요청되고 있음을 알 수 있으며, 나아가 춘모의 재배에 각별한 관심을 기울이고 있음도 확인할 수 있다.

세종 30년 1월, 황해도감사가 춘모 종자 2,730석을 요청하자 들어주었다.[408] 이틀 뒤에 경기감사가 춘모 종자 1만 3,090석을 요청하자 들어주었으며,[409] 6일 뒤 충청도감사가 춘모 종자 1,650석을 요청하고, 강원도감사가 춘모 종자 1,939석을 요청하자 들어주었다.[410] 각 지방에서 요청한 춘모 종자의 규모는 양맥보다 많지는 않았다. 최대 1만 5,030 석에서 최소 1,650석이었다. 최대 10만 석이 넘는 가을철 양맥보다 규모가 크게 적었다. 아마 종자에서 미루어볼 때 1/10의 규모였을 것으로 추정된다. 그렇지만 조선 초 봄보리의 재배가 널리 이루어지고 있고, 국가 차원에서 그 종자를 적극 제공하고 있음이 주목된다.

### 보리와 밀의 재배법

보리와 밀은 신구의 먹을 것을 이어주는 것이다. 이전의 먹을 것이 다 떨어지고, 새로운 곡식이 아직 나오지 않았을 때를 이어주는 중요한 곡물이다. 그렇기 때문에 농민으로서는 가장 급박하고 중요한 곡물이었다.

척박한 밭은 백로절(양력 9월 8일경)에, 중간 등급의 밭은 추분(양력 9월 23일)에, 비옥한 밭은 추분 10일 뒤에 파종한다. 지나치게 일찍 파종하는 것은 좋지 않다. 옛말에 이르기를, "일찍 파종하면 벌레가 발생하고 마디가 있게 된다"고 했다. 비옥도에 따라 파종의 시기가 다른데, 척박한 밭은 상대적으로 일찍, 비옥한 밭은 상대적으로 늦은 추분 10일 뒤에 파종해야 한다고 했다. 지나치게 일찍 파종하면 성장이 빨라 벌레도 발생하고 마디가 생긴다. 어린 싹으로 있으면 아직 마디가 생기지 않지만, 웃자라게 되면 보리가 커서 마디가 생기는 것이다. 결국 지나치게 일찍 파종하는 것은 바람직하지 않다. 후작으로 양맥을 재배하려면 전작의 수확을 양력 9월 하순까지는 종료하지 않으면 안 되었다.

먼저 5~6월 사이에 갈아서 햇볕을 쬐이고, 써레를 사용해 문질러서 평평하게 해준다. 파종할 때[백로(9월 8일), 추분(9월 23일), 추분 10일 뒤] 다시 갈고 파종한다. 가는 과정에서 자연스럽게 이랑과 고랑이 만들어 졌을 것이다. 두 번째 갈 때에 흙덩이를 곱게 하는 일, 숙치하는 일에 대해 언급하고 있지 않다.

파종하고 쇠스랑이나 등써레로 종자를 복토하는데 두껍게 한다. 너무 일찍 파종하면 안 되지만, 다소 일찍 파종해야 뿌리가 깊게 내려 겨울 추위에 잘 견딜 수 있다. 늦게 파종하면 이삭이 작아서 소출이 적어진다. 적절한 시점에 파종하는 것이 중요하다.

파종한 뒤 싹이 나와 겨울을 지나게 된다. 늦가을에 싹이 나와 파릇한 상태로 겨울철을 경과한다. 겨울철에 보리나 밀을 밟아주는 일을 한다. 봄이 되면 성장을 가속화한다.

이듬해 3월 사이에 한 번 김매기를 한다. 잡초보다 먼저 성장하기 때문에 잡초를 제거하는 일을 1회만 해도 된다. 뒤늦게 성장하는 잡초는 보리나 밀보다 키가 작으므로 제대로 클 수 없다. 겨울철에는 잡초가 자라지 않기 때문에 굳이 김매기를 할 필요가 없다. 이상에서 언급한 경우는, 대개 가을에 작물을 수확한 후 봄·여름에 작물을 심지 않고 가을에 양맥을 파종하는 방식이었을 것이다.[411]

양맥을 수확한 뒤 그루갈이해서 양맥을 재배하는 것은 이러한 방법에 의거한다. 이 경우는 동일한 밭에서 계속해 양맥을 재배하는 것을 가리킨다. 양맥을 1년1작의 방식으로 재배하는 것이다.

기장·콩·조·메밀을 재배하고 수확한 뒤 뒷그루로 양맥을 재배하는 경우, 미리 그 곡식을 수확하기 전에 긴 자루의 큰 낫으로 풀이 누렇게 되지 않은 상태에서 베어서 밭두둑에 쌓아두고 그 곡식을 수확하고 나서 밭두둑에 쌓아놓은 풀을 밭 위에 펼치고 불로 태우고 파종한다. 재가 덮여 있는 밭에 양맥의 종자를 뿌리는 것이다. 재가 흩어지기 전에 갈아준다. 이러한 방식으로 갈면(극젱이를 사용했을 것) 극젱이가 지나간 곳의 흙이 일어나면서 양옆으로 쌓이게 된다. 재와 양맥이 함께 흙 속으로 들이긴다. 뿌려 양맥이 싹이 사업을 하는 과정에서 흙 속으로 들어가고, 결국 이랑의 부분으로 모이며, 이랑 부분에서 발아한다(농종법).

한 번 농사를 지은 밭에 뒷그루로 양맥을 재배하기 때문에 많은 거름이 필요할 것이다. 풀을 베어서 밭둑에 쌓아두고 곡식(기장 등)을 수확한 뒤, 그 풀을 밭에 두텁게 펼쳐 깔아주고 불을 질러 태움으로써 시비한다.

척박한 밭의 경우 풀을 배로 덮어준다. 만일 풀을 베지 못했다면 분회를 사용한다. 그 방법은 대소두의 경우와 같다. 대소두의 경우 척박한 밭에 분회를 사용한다고 언급했다(7장 첫째 문단).

그 척박한 밭에 먼저 녹두 혹은 참깨를 파종하고 5~6월 사이에 갈아엎어 썩어 문드러진 뒤에 파종한다. 이때 갈고서 파종하는데 앞의 방법과 같다(8장 첫째 문단 앞부분). 결국 갈고서 이랑을 만든 뒤에 이랑 부분에 파종하고 쇠스랑 또는 등써레(써레등)로 복토하는 것이다.

갈이하는 농기구로 쟁기와 극젱이, 김매기 하는 호미, 갈이한 흙을 마평하는 써레, 파종한 종자를 복토하는 쇠스랑과 등써레가 확인된다.

## 양맥 농사에 좋은 외양간 거름 만들기

봄·여름 사이에 가는 버드나무 가지를 꺾어 소와 말의 외양간에 깔아준다. 소와 말이 밟기도 하고 똥·오줌을 그 위에 배설하기도 할 것이다. 버드나무 가지가 문드러지고 똥과 오줌과 뒤섞이게 된다. 대엿새마다 그것을 걷어내서 쌓아두면 거름이 되는데 외양간 거름이 양맥의 농사에 매우 좋다. 양맥의 농사에 아주 좋은 거름 장만 방법을 소개하고 있다. 이렇게 마련한 거름은 파종 직전 갈이 작업을 할 때 뿌려주었을 것이다.

## 대소맥 수확의 긴급성

양맥의 수확은 촌음을 다툴 정도로 급하게 진행된다. 익는 즉시 베어서 타작할 마당으로 옮겨두고 이엉으로 덮어 비 맞는 것을 피해야 한다. 즉시 마당으로 옮길 수 없는 경우 밭두둑 높은 곳으로 옮겨서 덮은 다음, 밤을 타서라도 바로 마당으로 옮겨야 한다.

날씨가 맑으면 양맥을 마당에 얇게 펼쳐 말리는데, 두껍게 깔면 잘 마르지 않는다. 깔아놓은 양맥이 마르면 즉시 타작한다. 타작은 도리깨질을 하는 방식이었을 것이다.

농가의 급한 것이 보리보다 심한 것이 없다고 한다. 옛말에 이르기를, "보리를 취하는 것은 불을 끄는 것과 같다"고 했다. 조금이라도 지체하거나 게으름을 피우면 재상(災傷)을 입게 된다.

보리를 익는 대로 즉시 베어 마당으로 옮기고, 마르자마자 타작을 하는 작업이 모두 조금도 지체함이 없이 신속하게 이루어져야 한다. 이 무렵에는 장맛비가 곧 도래하고 다른 작물의 김매기 작업이 기다리고 있기 때문이다.

보리를 덮어주는 이엉, 보리를 마당으로 운반하는 지게, 타작을 하는 도리깨가 예상된다.

### 봄보리의 재배

봄보리는 2월 사이 양기가 온화한 날에 갈고, 2월이 다 가기 전에 끝내야 한다. 빠른 시점에 파종하는 것이 특징이다. 파종하는 법, 김매기하는 법, 수확하는 법은 모두 추맥과 동일하다. 봄·여름의 수해를 생각하면 봄보리는 농종법으로 재배할 수밖에 없다. 견종법으로 봄보리를 재배한다면 강우의 피해를 입게 된다.

# 9
## 참깨[412]의 재배법
향명은 진임자(眞荏子).
여덟모 난 것이 기름이 많이 난다.
들깨를 덧붙임

○ 성질은 거친 땅에 적합하다. 흰 땅이 더욱 좋다.[413] 4월 사이에 비가 온 뒤 비가 온 뒤에 하지 않으면 싹이 나지 않는다.[414] 땅을 갈고 파종한다.[415] 뇌목(檑木)[416] 향명은 고음파(古音波)을 사용해 흙덩이를 부수며 종자를 덮어준다. 김매기는 두 번을 넘지 않는다.

[참깨가] 익는 대로 베어서 묶어 단[束]을 만들되 작게 한다. 묶은 단이 크면 잘 마르지 않는다. 대여섯 개의 단을 모아 서로 기대서 무더기[叢]를 만들어준다. 참깨의 꼬투리가 벌어지기를[417] 기다려 한 단씩 거꾸로 세워 작은 막대기로 가볍게 두드려 참깨를 얻고 [참깨가 떨어졌으면] 다시 무더기를 만들어준다. 사흘에 한 번 막대기로 두들기는데, 네다섯 차례 하고 그만둔다.[418]

만약 숙전(熟田)[419]이라면 4월 상순에 [씨를 뿌리고], 맥근전(보리·밀의

그루갈이 밭)이라면 맥(보리·밀)을 베어낸 후에 분회를 섞어 드물게 파종한다.[420]

○ 또 한 가지 방법으로, 흰 참깨 3푼[分], 늦팥[晚播 小豆] 1푼을 서로 섞어 파종하거나, 혹은 녹두 2푼, 참깨 1푼의 비율로 서로 섞는 것도 좋다. [이 경우] 갈고 난 뒤에 이랑을 만들고, 섞은 종자를 고르게 뿌리고 흙을 덮는다.[421]

○ 들깨[油麻] 향명은 진임자[水荏子, 들깨]는 길가 혹은 밭 두둑이 파종하기 적합한 곳이다. 구멍[科] 사이의 거리를 서로 1척(尺) 띄운다.[422] 조밀하게 심으면 가지가 없어서[423] 열매가 적다.[424]

種胡麻 (鄕名 眞荏子 八稜者多油 附油麻)

○ 性宜荒地 (白壤尤良) 四月間雨後 (不因雨 則不生) 耕地撒種 用樻木 (鄕名 古音波) 破塊覆土 鋤不過再 隨熟刈之 作束欲小 (束大難乾) 五六束相倚爲叢 候口開 逐束倒竪 以小杖輕打 取了 還叢之 三日一打 四五遍乃盡 若熟田則四月上旬 麥根田 則趂刈麥 後和糞灰 稀種

○ 又一法 以白胡麻三分 晩小豆一分 相和種之 或以菉豆二分 胡麻一分相和亦得 耕訖作畞 以所和種 均撒覆土

○ 油麻 (鄉名 水荏子) 路邊 或田畔 宜種 每科相去一尺 (密則無枝少實)

## 참깨의 재배법

참깨는 흰깨와 검은깨가 있는데, 흰깨기 유지의 힘랑이 닚나, 섬유는 적다. 참깨에는 45~55%의 기름이 들어 있고 단백질이 36% 들어 있다.

참깨는 고온건조한 지역에 잘 적응된 작물로 너무 습하지 않고 토층이 깊은 참흙이 재배지로 가장 좋다. 물 빠짐만 좋으면 토양은 별로 가리지 않는다.

뿌리는 곧고 깊게 뻗는다. 굵은 주근(主根)이 땅속 깊이 곧게 뻗어서 가뭄에 강하고 도복을 지탱하며, 곁뿌리는 비교적 얕은 지표부 가까이에 분포한다.

파종 적기는 남부지방이 양력 5월 초순이고, 중부지방은 5월 중순이며, 수확 시기는 8월 하순이나 9월 초순경이다. 맥류의 뒷그루로 재배할 때에도 6월 중순까지 파종을 끝내야 한다. 씨뿌림이 늦어질수록 수량이 떨어지므로 보리 수확 즉시 파종하는 것이 유리하다.

참깨는 현대의 농법에서는 대개 줄뿌림을 하고, 싹이 나오면 포기 사이가 10~15cm가 되도록 솎아주고 빈 곳에는 보식한다.

참깨의 수확은 맨 밑의 꼬투리가 누렇게 익어 입을 벌릴 때 해야 한다. 낫으로 벨 때는 꼬투리에 충격이 가지 않도록 낫을 잘 갈아서 비스듬히 베어야 한다. 탈립(脫粒, 곡류가 이삭이나 줄기로부터 떨어짐)하는 것을 방지하기 위해 아침이나 저녁때에 베는 것이 좋다. 벤 참깨는 단으로 묶어 세 개씩 삼각형으로 기대어 똑바로 세워서 햇볕에 말린다. 꼬투리가 벌어지면 자리를 깔고 한 단씩 거꾸로 들고 막대기로 가볍게 때려 종자를 턴다. 몇 차례에 걸쳐 턴다.

들깨는 생육 기간이 짧은 여름작물이다. 거름 성분을 빨아들이는 힘이 강하여 메마른 땅이나 산성이 강한 땅, 또는 개간지 등에서 적은 거름으로도 비교적 잘 자란다. 들깨는 특별하게 거름을 넣지 않아도 된다. 지나치게 거름을 하면 들깨가 키만 커버린다. 들깨는 벌레에 강하고 병해에도 강하며 잔손질이 거의 가지 않아 기르기 쉽다. 들깨는 기상 재해로 다른 작물의 파종이 곤란할 때 대파 작물로 이용했듯이 파종기 이동 폭이 넓다.

들깨는 길가나 밭두둑에 심어 자투리땅을 효율적으로 이용할 수 있다. 본 밭에 심을 때에는 콩과 함께 심어도 좋고, 밀과 보리를 심었던 이랑 사이에 심어도 좋다. 그러나 지나치게 습하거나 비옥한 토양에서는 결실 불량 또는 지나친 영양생장의 가능성이 크다.

현대의 들깨 재배 방식에는 직파 재배와 이식 재배가 있다. 직파 재배의 경우 싹이 튼 후 솎아서 30cm 간격에 한두 그루를 세워 가꾼다. 들깨에 북주기를 하면, 더 튼실하게 자라 장마나 태풍 때 쓰러짐을 방지할 수 있고 열매도 더 잘 맺는다.

들깨는 포기 사이를 띄워서 자라게 해야 한다. 배게 심으면 위로 성장해서 가지가 없고 열매도 제대로 맺히지 않는다.

장마철을 지나면서 비를 맞고 잘 자란다. 풀이 많은 곳은 한 차례 뽑아 들깨 밑에 둔다. 그러면 들깨는 그 이후에 돋아나는 풀을 완전히 제압하고 터전을 잡는다.

낟알이 땅에 떨어지기 쉬우므로 흐린 날 아침이나 저녁때에 수확한다. 낫으로 벤 다음 지름 30cm가량의 단으로 묶어서 통풍이 잘되는 곳에 기대어 세워 말린 다음 충분히 건조되면 멍석이나 자리를 펴고 들깨단을 막대기로 털어서 탈립한다. 두세 번에 걸쳐 해야 하다. 한 번에 알이 다 빠지지 않기 때문이다. 이처럼 들깨의 타작 방법은 참깨와 동일하다.

『농사직설』에서는 들깨보다 참깨 재배를 강조해 풍부하게 기술하고 있다. 들깨는 길가, 밭두둑 등 자투리땅에 재배하는 것으로 설명하고 있다. 참깨는 호마(胡麻), 지마(芝麻), 진임자(眞荏子)로 불리고,[425] 들깨는 유마(油麻), 소자(蘇子), 수임자(水荏子)로[426] 표현하고 있다. 참깨기름은 지마유(芝麻油), 진유(眞油)로 불렸으며,[427] 들깨기름은 소자유(蘇子油), 법유(法油)로[428] 불렀다.

조선 초 호마는 전국에서 두루 재배하는 작물은 아닌 것으로 보인다. 명확하게 호마를 재배한 고을은 36개이며, 최대 49개 고을까지 재배한 것으로 볼 수 있다. 전국 334개 군현 가운데 14.67%에 불과하다.

〈표 7〉『세종실록지리지』의 도별 호마 재배 군현 수 및 백분율[429]

| | 경상도 (66) | 전라도 (56) | 충청도 (55) | 경기 (41) | 강원도 (24) | 황해도 (24) | 평안도 (47) | 함길도 (21) | 계 (334) |
|---|---|---|---|---|---|---|---|---|---|
| 胡麻 (참깨) | | | 10 | 19(+2) | | 7 | (+11) | | 36(+13) (14.67) |

경기와 충청도·황해도·평안도에 한정되어 있다. 그 밖의 도에서는 재배하지 않은 것으로 기록하고 있다(〈표 7〉 참조).

깨의 재배와 관련한 내용은 실록에서 거의 확인되지 않는다. 깨를 증여하거나 상납하는 사례가 확인될 뿐이다.[430] 농작물 전체 생산에서 차지하는 비중이 높지 않은 것으로 보인다. 깨는 주식이 아니기 때문에 덜 중시한 것으로 이해된다. 음식 가공을 돕는 귀한 식재료로 보일 뿐 일상의 식생활에서 널리 활용하지는 않은 것으로 보인다.

### 참깨의 재배법

참깨의 속성은 황무지에 적합하다. 땅 색깔이 흰 것이 더욱 좋다.

4월 사이에 비가 내린 뒤 땅을 갈고 파종한다[撒種]. 비가 내려 땅에 습기가 있어야 발아를 잘한다. 비가 내리지 않았을 때 파종하면 발아가 잘 안 된다.

땅을 갈고 씨를 뿌리고 곰방메를 이용해서 흙덩이를 부수면서 복토한다. 땅을 간 상태에서 종자를 뿌리는 것이다. 땅을 갈면서 생긴 이랑에 파종한 것으로 보여, 결국 이랑에 뿌리는 방식[壟種]이었을 것이다. 아마 9장 둘째 문단에 보이는 것처럼 '경흘작무(耕訖作畝)' 방식이었을 것으로 추측된다. 여름철 강우를 생각하면 고랑에 뿌리는 것은 곤란했다. 갈고 마평하지 않은 상태이기 때문에 흙덩이도 있고 입자도 고르지 못한 상태에서 씨를 뿌리는 것인데, 조파였을 것이다. 파종한 뒤 주변의 흙을 모으고 부수고 하면서 뿌려진 참깨를 복토한 것으로 보인다. 결국 참깨는 농종, 조파의 방식을 택한 셈이다.

참깨의 김매기는 두 번을 넘지 않는다. 많아야 두 번 김매기 한다는 의미다. 참깨가 어느 정도 자라면 잡초와의 경합에서 우위를 점한다. 김매기 할 때 솎아주고 보식하는 일도 함께 이루어졌을 것이다. 배거나 듬성하게 되면 소출이 떨어지기 때문이다.

참깨는 익는 대로 베어서 작은 단을 만들어 대여섯 개의 단을 서로 기대어 무더기를 만든다. 단을 만들 때 크면 잘 마르지 않기 때문에 작게 하는 것이 좋다. 무더기로 세워 양지바른 곳에서 말렸을 것이다.

참깨의 꼬투리가 벌어지면 단을 하나씩 거꾸로 세워 작은 막대기로 가볍게 두들긴다. 그렇게 해서 참깨를 취한 다음 다시 모아서 무더기를 만들어준다. 사흘에 한 번 두드리는데 네다섯 번을 하고 그만둔다. 네다섯 번을 하면 참깨가 모두 다 떨어졌을 것이다.

숙전이라면 4월 상순에 파종하고, 맥근전은 맥을 베어낸 뒤 분회와 섞어 드물게 파종한다. 비옥한 땅에서는 시비하지 않고 참깨를 재배하는 것으로 보인다. 맥근전의 경우 숙분·요회와 섞은 뒤 파종한다. 분회와 섞어 파종하는 경우 점파의 방식을 택했을 가능성이 높다. 보리와 밀을 수확한 뒤에 파종하게 되므로 파종 시기가 다소 늦어질 것으로 보인다. 황무지에 심는 것이 가장 좋지만, 숙전이나 맥근전에서 재배해도 좋다는 뜻이다.

### 잡종하는 방법

흰 참깨 3푼[分], 늦팥 1푼을 섞어 파종하기도 한다. 또는 녹두 2푼, 참깨 1푼을 섞어 파종해도 좋다. 교종·잡종의 예는 4장 여섯째 문단

(旱稻+稷+小豆)에서도 보인다. 흰 참깨와 늦팥의 잡종, 참깨와 녹두의 잡종이다.

갈고서 이랑을 만들어 섞은 종자를 고르게 살포하고 흙을 덮어준다. 종자를 이랑에 파종하는 방식이었을 것이다. 즉 조파, 농종법이다. 발아하면 솎아주어 각 작물 사이의 거리를 확보해주었을 것이다.

늦팥·녹두 재배에서 알 수 있듯이 늦게 파종하는 것인데, 한재·수재로 작물을 미처 파종하지 못했을 때 대파하는 의미를 갖는 것으로 이해된다. 흰 참깨와 늦팥, 참깨와 녹두를 함께 파종하면, 둘 중의 하나는 제대로 소출을 확보할 수 있을 것이다. 물론 둘 다 풍년인 경우도 있고, 둘 다 흉년인 경우도 있을 것이다.

참깨에는 보통의 참깨와 흰 참깨가 있었음을 알게 한다.


### 들깨의 재배법

들깨[油麻, 水荏子]는 길가나 밭두둑이 재배하기에 적합한 곳이다.

포기마다 1척의 거리를 둔다. 조밀하면 가지가 벌지 않아 열매가 적게 된다. 듬성듬성 심어야 가지가 발달해 열매가 많아진다.

들깨의 재배지를 특정하고 있다. 매 포기에 자라는 들깨는 한두 그루였을 것으로 추측된다. 점뿌리기인 것이다.

조선 초기 깨 가운데 중시된 것은 참깨이고, 들깨는 정규의 밭에 심지 않고 버려진 자투리땅에 재배하는 부차적인 작물로 여기고 있음을 알 수 있다. 참깨·들깨 재배에서 솎아주기나 보식을 언급하고 있지 않다. 실제의 농작업에서는 당연히 그러한 작업이 있었을 것이다.

# 10
## 메밀의 재배법
### 향명은 목맥(木麥)

○ 메밀[蕎麥][131]은 때를 맞춰 하는 것이 중요하다. 때를 놓쳐서 서리를 만나면 수확하지 못한다. 입추가 6월에 들었으면 입추 전 3일 안에, 입추가 7월에 들었으면 입추 후 3일 안이 [메밀 씨 뿌리기에] 적합한 때다. 황무지가 적합하다. 5월에 갈아서 풀이 썩어 문드러지게 하고,[132] 6월에 또 갈고, 파종할 때 다시 간다.[133] 메밀 종자 1두(斗, 말), 분회 1석[15두]의 비율로 섞는다.[134] 재가 적으면 종자에 거름을 묻히는 것도[135] 좋다. 밭이 비록 척박하더라도 분회를 많이 쓰면 수확할 수 있다.[136]

열매가 흑백 반반 정도 되었을 때 베어서 거꾸로 세우면 모두 검어진다. 일찍 서리가 내리는 곳은 마땅히 일찍 갈아주어서 입추 전후가 되기를 기다릴 필요가 없다.[137] 산림이 비옥하고 두터운 곳은 화경(火耕)[138]한 다음 살종(撒種)[139]하면 수확이 평상시의 배가 된다.

○ 종자에 거름을 묻히는 법.[440] 소와 말의 똥을 태워 재를 만든다.
[그리고] 외양간 구덩이의 오줌을 나무통 안에 가득 넣고 메밀의 종자를
[나무통 안에] 담갔다가 반일(半日)이 지나면 건져내서 [소와 말의 똥을 태
워 만든] 재 속에 던져 재가 종자에 달라붙게 한다.


種蕎麥 (鄕名 木麥)


○ 蕎麥趁時爲良 (失時遇霜不收) 立秋在六月 則節前三日內 立秋在七月 則節
後三日內 乃其時也 宜荒地 五月耕之 得草爛 六月又耕 下種時又耕之 種子一
斗 糞灰一石爲度 (灰小則漬種亦可) 田雖墝薄 多糞灰則可收 其實半黑半白 刈之
倒竪則皆黑 其早霜處 宜早耕 不必待立秋前後也 若山林肥厚之地 火耕撒種
所收倍常


○ 漬種法 燒牛馬糞爲灰 以廁池尿 盛貯木槽中 漬蕎麥種 半日漉出 投灰中
令灰粘着種子

### 메밀의 재배법

메밀(蕎麥, 木麥)은 영양가가 높으면서도 저장력이 강한 특성이 있다.
메밀은 건조한 땅에서도 싹이 잘 트고, 한발이나 추위에 잘 견디면서
생육 기간이 짧아 흉년 때의 대작(代作)이나 기후·토양이 나쁜 산간

흉작지대의 응급작으로 널리 활용된다. 예전부터 구황작물로 많이 재배해왔다. 생육 초기에는 온화하고, 개화 성숙기에는 고온이 아니며 비가 적은 조건이 좋다. 기후에 대한 적응력이 강하므로 북위 70도까지 어디에서나 재배할 수 있어 그 재배 범위가 매우 넓다. 저습한 진흙땅을 제외하고는 어디에서나 재배된다.

흡비력이 강하고 병충해도 적은 무공해 작물이다. 봄 작물의 늦은 뒷그루 짓기에 알맞다. 가물 때 천수답의 대파 작물로도 적합하다.

현대에서 메밀을 파종하는 방식은 점뿌림, 줄뿌림, 흩어뿌림 등 다양하다. 1~2회 솎기와 김매기를 해준다. 점뿌림을 할 때는 60~120cm 너비의 이랑을 세우고, 1~2줄로 20~25cm 간격을 두어 포기당 10~20알 정도를 뿌린다. 줄뿌림을 할 때는, 60cm의 이랑 너비에 골 너비를 12~15cm로 하여 고르게 뿌린다. 흩어뿌림을 하는 경우, 1.2m의 높고 편평한 이랑을 만들고 씨를 전면에 고루 흩어 뿌린다.

봄에 심어 여름에 수확하기에 알맞은 여름메밀과, 여름에 심어 늦가을에 수확하기에 알맞은 가을메밀로 나누기도 한다. 가을메밀을 주로 재배한다. 여름메밀은 양력 5월 중순에서 하순 사이에 파종하고, 가을메밀은 7월 중에 파종한다. 서리가 일찍 내리는 곳일수록 일찍 뿌린다. 여름메밀은 7월 하순에서 8월 상순, 가을메밀은 10월에 수확한다. 씨알의 70~80%가 성숙하면 흐린 날이나 아침 이슬이 마르기 전에 베어서 말려 턴다. 현대에서는 바닥에 멍석이나 자리를 깔고 그 위에 메밀을 올려놓은 뒤 도리깨로 타작을 한다.

메밀은 조선 초 전국 334개 군현 중 최대 102곳에서 재배하여 30%를

| | 경상도 (66) | 전라도 (56) | 충청도 (55) | 경기 (41) | 강원도 (24) | 황해도 (24) | 평안도 (47) | 함길도 (21) | 계 (334) |
|---|---|---|---|---|---|---|---|---|---|
| 蕎麥 (메밀) | 8 (12.12) | 3 (5.35) | 26 (47.27) | 31(+2) (75~80) | 1 (4.16) | 24 (100.0) | 2 (4.25) | 5 (23.80) | 100(+2) (29~30) |

점유하고 있다. 도별로 보면, 황해도와 경기에서 널리 재배하는데, 황해도의 경우 24개 고을 전부에서 재배하고 있어, 메밀의 주산지라고 할 수 있다. 반면 강원도·평안도·전라도에서는 메밀 재배 군현이 전체 군현의 10%에도 미치지 못해, 재배가 극히 부진한 곳으로 보인다(〈표 8〉 참조).

조선 초기 메밀은 다른 농사를 지을 수 없는 사정이 생겼을 때 대신 파종하는 수가 많았다. 대파 작물로 재배하는 것이다. 태종 14년(1414) 5월 영길도 갑산(甲山)의 속현 허천(虛川) 일대에 서리가 내렸는데, 5월 4일부터 8일까지 서리가 내렸으며 14일도 그러했다. 서리로 인해 화곡이 마르자 모두 갈아 엎어서 메밀을 심었다.[442] 서리가 내려 화곡이 말라 죽자 갈아엎고 메밀을 심은 것이다.

수해를 입는 농지에 뒤늦게 메밀을 파종한 예도 있다. 성종 3년(1472) 6월 수해를 입은 전(田)에 메밀을 파종케 했다.[443] 한재를 입은 수전에도 메밀을 대파했다. 성종 12년 5월, 한재를 입어 도전(稻田)에 파종하지 못한 곳이 많은데 그곳에 메밀을 파종케 하라는 내용이 보인다.[444] 서리의 피해를 입거나, 수해 혹은 한재를 입은 경우 논밭을 가리지 않고 대파 작물로서 메밀을 파종했다.

대개 농사가 여의치 못해 늦은 절기에 긴급히 작물을 재배하고자 하는 경우에 메밀을 파종했다. 5월이나 6월에 국가에서 긴급하게 메밀 종자를 제공하는 경우는 대개 이러한 사정을 전제하고 있었다. 메밀 종자의 제공은 권농의 한 방법이었다. 메밀은 늦게 파종해 수확하므로 기왕의 작물 농사가 여의치 못한 경우, 마지막으로 재배하는 작물이었다.

대종 3년 5월 24일, 충청도 메밀 종자 3,000석을 풍해도에 조운해 운반했다.[445] 가뭄으로 실농하자 종자를 지급한 것이다. 태종 16년 6월, 개성유후사 4현에게 메밀 종자를 제공했다.[446]

세종 19년(1437) 5월 13일, 진황한 곳에 늦은 곡식인 메밀을 토질에 따라 파종하게 했다.[447] 세종 27년 5월 16일, 평안도에 메밀 종자 1만 석을 지급하도록 했다.[448] 긴급하게 대파를 위해 메밀을 제공한 것이다. 메밀의 재배는 구황 방법의 하나였다.[449]

메밀의 재배가 갖는 의의는 이처럼 매우 컸다. 자연재해로 다른 곡식이 손상을 입거나 파종의 절기를 놓쳤을 때 늦은 시점에서 대파하는 작물이었기 때문이다.


### 메밀의 재배법

메밀은 때를 맞추는 것이 좋다. 때를 맞추지 못하면 서리를 만나 수확을 못 한다. 서리가 내리기 전에 수확할 수 있도록 파종 시기를 조정해야 한다. 너무 늦게 파종하면 익기 전에 서리가 내리기 때문이다. 그렇기 때문에 시점을 맞추는 것이 중요하다.

입추가 6월에 들면 입추 전 3일 내에, 입추가 7월에 들면 입추 후 3일

내가 파종에 적합한 시점이다. 입추 전후한 시점에 파종하는 것이다.

메밀은 통상 늦게 파종하는 것이지만, 너무 늦으면 익기 전에 서리가 내려 제대로 수확하기 어려운 경우가 발생했다. 태종 2년(1402) 8월 8일, 서리가 내리면 메밀을 먹을 수 없다는 표현이 보인다.[450] 구체적으로 태종 6년 8월 13일, 청양현에 서리가 내려 메밀을 죽이는 일이 발생했다.[451] 세종 15년(1433) 윤8월 14일, 메밀은 늦게 심고 서리를 만나면 익지 못한다는 지적이 보인다.[452]

메밀은 황무지에 적합하다. 비옥한 토지보다는 거칠고, 흙의 입자가 곱지 않은 땅이 적합하다.

5월에 갈아 풀이 문드러지게 하고, 6월에 다시 간다. 또 파종할 때 간다. 이렇게 세 번 갈고서 메밀을 파종한다. 첫 번째 갈이 작업을 해서 풀을 뒤집어놓아 문드러지게 함으로써 거름이 되도록 한다.

파종할 때 종자 1두에 분회 1석(=15두)의 비율로 섞는다. 재가 적으면 지종하는 것도 좋다(지종법은 10장 둘째 문단 참조). 정지하는 방법이나 파종하는 방법은 언급하지 않았으나, 가는 과정에서 무(畝)가 형성되었을 것이고, 또 분회와 섞는 경우 점파하는 수가 있으므로, 결국 농종·점파로 보인다.

밭이 척박하더라도 분회를 많이 쓰면 수확할 수 있다.

메밀의 열매가 반쯤 검고 반쯤 흰색일 때 베어 거꾸로 세우면 모두 익어서 검어진다. 완전히 익은 뒤에 수확하는 것이 아니라 희고 검은 것이 반반일 때 베어서 거꾸로 세워 완전히 익힌 다음 타작하는 방식이다.

산림이 비후한 땅의 경우라면, 불 지르고 간 다음 살종하면 수확이 통상의 배가 된다. 불을 질러 초목을 재로 만든 다음 그것을 거름으로 삼아 메밀을 재배하면 소출이 많다는 것이다. 이 경우에는 조파·농종이었을 것이다.

메밀의 재배지로는 양전이나 숙전이 아닌 곳을 들고 있다. 즉 황무지가 좋으니, 땅이 척박한 경우에는 문회를 많이 쓰면 수확할 수 있다. 산림이 비후한 땅이라면, 불로 태워 재를 만들고 그것을 이용해 경작하면 수확이 통상의 배가 된다. 개간지, 척박한 밭이 메밀의 재배지로서 추천되고 있다.

### 종자에 거름 묻히는 법

메밀의 종자에 거름을 묻혀 파종하는 방법[漬種法]을 설명하고 있다.

우마의 똥을 태워 재를 만들어둔다. 우마의 외양간 구덩이의 오줌을 나무통에 풍성하게 담고서 메밀의 씨앗을 거기에 담근다. 반일 뒤에 건져내서 우마 똥을 태워 만든 재에 던진다. 그렇게 하면 재가 종자에 붙게 된다. 종자에 우마의 오줌과 똥을 묻히는 것이다.

분회가 부족할 때 이러한 방법을 사용한다. 소량의 소·말 오줌과 똥을 사용해 메밀 씨앗에 거름을 묻혀 파종하는 것이다. 파종하는 토양에 거름을 주는 것이 아니라 종자 자체에 거름을 묻히는 방식이다.

메밀은 양질의 농지가 아닌 땅에 파종하되, 생초와 분회, 우마의 똥과 오줌 등을 중요한 거름으로 사용하고 있다.

# 서문

1  정초(鄭招, ?~1434)는 세종 11년 4월 11일에 동지총제(同知摠制)에 임명되었다 [『세종실록』권44, 世宗 11년 4월 11일(丙戌), 3-175(국사편찬위원회 영인본 3책, 175쪽을 뜻함. 이하 같음)]. 중앙군인 중군·좌군·우군의 3군에는 각각 도총제(都摠制)·총제(摠制)·동지총제가 있었는데, 동지총제는 종2품 관원이다.

2  정초는 조선 세종 때의 문신이다. 본관은 하동(河東)이고, 자는 열지(悅之)이며, 정희(鄭熙)의 아들이다. 태종 5년(1405) 문과에 급제하고, 태종 7년 중시에 합격했다. 이조판서·대제학을 지냈다. 세종 초의 과학 사업에 중요한 소임을 맡아 정인지(鄭麟趾)·정흠지(鄭欽之)와 함께『대통통궤(大統通軌)』를 연구하고,『칠정산내편(七政算內篇)』을 편찬했으며, 간의대(簡儀臺)를 제작·설치하는 일을 관장했다. 또한 왕명에 의하여『농사직설』·『회례문무악장(會禮文武樂章)』·『삼강행실도』등을 편찬했다. 시호는 문경(文景)이다.

3  순(舜)은 고대 중국의 전설적인 제왕으로, 요(堯)와 더불어 태평성대를 이룬 성군

(聖君)으로 받들어지고 있다. 순은 5제 중 마지막 임금으로 효도와 우애로 명성이 자자한 군주이기도 했다. 성은 우(虞)이고, 이름은 중화(重華)다. 효행이 뛰어나 요로부터 천하를 물려받았다. 『사기』, 「오제본기」에 의하면, 순은 전욱(顓頊)의 6세손으로 그의 아버지 고수(瞽瞍)는 장님이었다고 한다. 어려서부터 아버지와 형제의 박해를 받아 온갖 고생을 다하다가 요의 눈에 들어 정무를 도맡았고, 마침내 천자가 되었다. 요로부터 선양을 받은 뒤 그는 정부 조직을 아홉 관원으로 개편했다. 또 넓은 영토를 잘 살핀 다음 전국을 12개의 방(方)으로 나누고 방마다 최고 행정 수장인 방백(方伯)을 두어 각 부락의 다툼을 해결하고 세금을 거두게 했다. 또 통일된 법률을 제정하는 한편 동(銅)으로 각종 범죄의 모양과 그것을 벌주는 동작을 주조하게 하여 여러 사람에게 경고로 삼도록 했다고도 전한다. 50년간 재위했고, 100세까지 살았으며 구의산(九疑山), 후난(湖南)성 닝위엔(寧遠)현 아래 장사 지냈다는 설이 있다. 만년에 요가 그랬던 것처럼 치수 사업에 성공한 우에게 임금 자리를 선양했다고 하는데, 이와는 반대로 우에게 자리를 빼앗겨 쫓겨나 창오(蒼梧)에서 죽었다는 설도 전한다.

4 9관은 순이 조직한 정부의 조직으로 ①사공(司空, 내무부 장관) ②후직(后稷, 농산부 장관) ③사도(司徒, 국방부 장관) ④공공(共工, 광업부 장관) ⑤사(士, 법무부 장관) ⑥짐우(朕虞, 수리부 장관) ⑦질종(秩宗, 제사부 장관) ⑧전악(典樂, 음악부 장관) ⑨납언(納言, 감찰부 장관) 등이다.

5 순이 전국을 12개의 방으로 나누고 각 방마다 방백을 두었는데, 그것을 여기에서는 12목이라 일컬었다.

6 『書經集傳』권1, 虞書 舜典 "咨十有二牧 曰食哉惟時 … "이에 대해 전(傳)에는 "牧 養民之官 十二牧 十二州之牧也 王政 以食爲首 農事 以時爲先 舜言足食之道 惟在於不違農時也 …"라고 했다.

7 태종대 편찬한 『농서집요』를 가리키는 것으로 보인다.

8 동·서·남·북쪽과 중앙을 가리킨다.

9 지방마다 재배법에 차이가 있다는 뜻이다.

10 농사(農事) 일에 경험이 풍부한 나이 많은 농부를 가리킨다. 노농(老農)은 집약적 농법에 근거한 소농상층 출신의 농업 전문가로서 풍부한 노동력과 농우도 이용

할 수 있는 여력을 지니고 있으며, 경상도를 중심으로 한 삼남 지역에서는 널리 분포해 있던 것으로 보고 있다(서정상, 「《農事直說》의 農法과 老農」, 《泰東古典研究》16, 1999).

11 종부소윤(宗簿小尹)은 종부시(宗簿寺)의 소윤이다. 종부시는 종친 간의 친목을 꾀하고 비위를 규찰하며, 10년에 한 번씩 『선원록』을 수찬하고 3년마다 종실보첩을 작성하는 일을 맡았다. 그 밖에 왕자·왕녀의 혼가(婚嫁) 때에는 이를 준비하는 일도 주관했다. 그것은 종부시의 정4품 관직이다.

12 변효문(卞孝文, 1396 ~ ?)은 조선 초의 문신이다. 본관은 초계(草溪)이고, 초명은 변계문(卞季文)이며, 자는 일민(一敏)이다. 변경(卞卿)의 증손으로, 할아버지는 변빈(卞贇)이고, 아버지는 판윤(判尹) 변남룡(卞南龍)이며, 어머니는 영문하부사 염제신(廉悌臣)의 딸이다. 태종 14년(1414) 알성 문과에 을과 3등으로 급제하고 내외직을 지낸 뒤 직제학을 거쳐 세종 10년(1428) 봉상시소윤(奉常寺少尹)을 지냈다. 세종 21년 판내섬시사(判內瞻寺事)를 거쳐 그 이듬해 첨지중추원사가 되었으나, 이전에 회령대후(會寧待候)로 재직 시에 귀화한 여진인들의 의복지급사건에서 죄를 지은 사실로 의금부·사헌부 등의 탄핵을 받아 세종 23년(1441) 파직되었다. 세종 25년 첨지중추원사로 복직되어 통신사로 일본에 다녀왔으나, 태종 때의 죄인이었던 이속(李續)의 손자인 이인휴(李仁畦)를 통신사 수행 시 대동했다는 이유로 탄핵을 받았다. 세종 26년 『오례의주(五禮儀注)』를 상정(詳定)했다. 정초와 함께 『농사직설』을 편찬했다.

13 주자소(鑄字所)는 활자 주조와 인쇄를 담당하던 관서다. 태종 3년(1403) 주자소를 설치하여 승정원(承政院)에 소속시키고 활자 제작과 인쇄 임무를 맡게 했다. 서울 남부 훈도방(薰陶坊)에 있던 관청을 세종 17년(1435) 경복궁 안으로 옮겼으며, 세조 6년(1460)에는 교서관(校書館)으로 소속을 옮기고, 전교서(典校署)라 개칭했다. 『경국대전』에 의하면 정3품 아문으로 다른 관직을 겸임하는 판교(判校) 1명, 교리(校理) 1명 등의 관원이 있었으며, 인쇄와 관련된 전문 장인으로 야장(冶匠) 6명, 균자장(均字匠) 40명, 인출장(印出匠) 20명, 각자장(刻字匠) 14명, 주장(鑄匠) 8명, 조각장(雕刻匠) 8명, 목장(木匠) 2명, 지장(紙匠) 4명이 배속되어 있었다.

14 주시(周詩)는 『시경(詩經)』을 가리킨다. 『시경』은 주나라 때 편찬되었기 때문에 주

시라고도 한다. 『시경』은 중국 최초의 시가집이다. 공자가 문하의 제자를 교육할 때, 주나라 왕조의 정치를 가르치고 문학·교육에 힘쓰기 위하여 편집한 것으로 알려져 있다. 311편의 고대 민요를 '풍(風)'·'아(雅)'·'송(頌)'의 3부로 나누어서 편집했다. 그중 6편은 제명(題名)만 있을 뿐 어구를 갖고 있지 않기 때문에 가사가 있는 것은 305편이다. '풍'은 각국의 여러 지역에서 수집한 민요 160개를 모은 것이요, '아'는 연석(宴席)의 노래로, 다시 소아(小雅)와 대아(大雅)로 구분된다. 소아 74편과 대아 31편은 조정에서 불렸던 것으로 알려져 있다. '송' 40편은 왕조·조상의 제사를 지낼 때의 노래라고 여겨진다.

15 후직(后稷)은 주왕조(周王朝)의 전설적 시소이며, 농경의 신으로 받들어지는 중국 고대 인물이다. 후직은 성이 희(姬)이고, 이름은 기(棄)로 제곡(帝嚳)의 장자이고, 모친은 강원(姜原)이다. 모친이 거인의 발자국을 밟고 감응이 있어 임신하여 그를 낳았다고 한다. 상서롭지 못하다 하여 그를 버렸는데 그 때문에 '기'라는 이름을 얻게 되었다. 직산[稷山, 지금의 산시(山西)성 윈청(運城) 지산현]에서 태어났기 때문이 '직왕(稷王)'으로 일컫기도 한다. 어려서부터 농작물을 심고 기르길 좋아했으며 성장해서는 농사에 남다른 능력을 보였다. 이에 순임금의 농관(農官)으로 발탁되어 백성들에게 농사짓는 것을 가르쳤다. 순임금 때 후직이 되었다. 『사기』, 「오제본기」에는 그가 때에 맞추어 오곡을 심었다고 한다. 이런 공을 인정받아 태[邰, 지금의 산시(陝西)성 셴양(咸陽) 우궁(武功)현]에 봉해졌다.

16 성왕(成王)은 B.C. 11세기경의 인물로 중국 주나라 제2대 왕이다. 아버지 무왕이 죽었을 때 어렸으므로 무왕의 아우 주공 단이 섭정이 되었다. 동이의 원정에서 귀환한 뒤 기초를 다지고 주공 단과 소공 석의 보좌를 받아 치세에 힘썼고 그로부터 강왕 시대에 걸쳐 주나라의 전성기를 구현했다고 한다.

17 이 서문은 『세종실록』의 世宗 11년 5월 신유조(辛酉條)에 실려 있다[『세종실록』 권44, 世宗 11년 5월 16일(辛酉), 3-181].

# 1. 곡식 종자의 준비

18 『세종실록』에 따르면, 9곡은 기장[黍]·피[稷]·수수[秫, 唐黍]·벼[稻]·조[粱]·콩
[大豆]·팥[小豆]·보리[大麥]·밀[小麥]을 가리킨다(『세종실록』권128, 五禮 吉禮序例
獻官 先農親享行事執事官, 5-220). 출(秫)은 향명(鄕名)으로 당서(唐黍, 수수)라고
하며(『세종실록』권134, 五禮 凶禮儀式 治椑, 5-384), 양(粱)은 차조[粘粟]로 이해하
고 있다(『세종실록』권128, 五禮 吉禮序例 饌實圖說, 5-202).

19 딱딱하고 속이 차 것을 뜻한다.

20 울읍은 습기에 젖어 눅눅한 것을 뜻한다. 물기가 있어 썩거나 발효하는 등 변질
의 염려가 있는 상태를 가리킨다. 우리말로 '뜨다'라는 뜻이다.

21 조종(早種)·만종(晩種)이 섞여 있다는 뜻이다.

22 조종과 만종을 함께 파종하면 발아 시기, 생장 기간, 수확 시기에서 차이가 있게
된다.

23 키질을 하면 무거운 것과 가벼운 것이 분리되어 가벼운 것이 키의 끝부분에 모이
게 되는데 이것이 쭉정이다.

24 곡식의 종자는 물에 담그면 가라앉는다. 물에 뜨는 것은 속이 차지 않은 부실한
것이다.

25 호천(蒿篇)은 곡식을 담는 용기인데, 주로 대나무로 만들었으며, 갈대를 사용해
만들기도 했다(염정섭, 『조선시대 농법발달 연구』, 태학사, 2002, 129~130쪽).

26 공석(空石)은 곡물이 담겨 있지 않은 섬이다. 섬은 곡식을 담도록 짚으로 짠 용기
다. 가마니틀이 나오기 전에는 이것을 사용했다. 모양은 가마니처럼 생겼으나 짚
을 거칠게 쳐서 양끝을 안으로 우겨 넣고 꿰매었다.

27 어느 종자를 뿌리면 좋을까 판단하기 위해서 하는 일이다.

28 『농상집요』에서는 동짓날에 묻는 것이 좋다고 했다(최덕경, 『농상집요 역주』, 세창
출판사, 2012, 90쪽).

29 종자가 땅의 기운을 받아 자연스럽게 불어나는 것을 방해하기 때문이다.

30 땅속에서 50일을 보내면 땅의 기운을 받아 종자가 불어나게 된다.

31 각 지역마다 토질에 따라 적합한 종자가 다르다. 그렇기 때문에 획일적으로 특정

종자를 뿌려서는 안 된다. 결국 각 촌리에서 시험해보고서 마땅한 작물 종자를 선정해야 한다는 것이다.

32 점천(苫薦)은 짚으로 만든 거적 덮개다.

33 항아리나 나무통에 눈을 가득 담아두면 그것이 이듬해 봄이 되면 녹아서 물이 된다.

34 오곡(五穀)은 다섯 가지 곡식 또는 중요한 곡식이나 모든 곡물 등의 뜻으로 쓰인다. 『세종실록지리지』에 따르면, 당시 오곡은 기장[黍]·피[稷]·콩[菽]·맥(麥)·벼[稻]였다 (『세종실록』권148, 地理志 京畿 廣州牧, 5-615). 조[粟]·팥[小豆]·메밀[蕎麥]·녹두 (菉豆)·수수[唐黍]는 5곡에 포함되지 않았다. 이 곡물들은 오곡과 구별해 표기하고 있기 때문이다. 여기서는 중요 곡물을 총칭하는 것으로 보인다.

35 『농가집성』에는 세 차례로 나온다.

36 눈 녹은 물에 종자를 담근 뒤 햇볕을 쬐여 말리면 종자가 소독되어 병충해를 예방할 수 있다.

37 소와 말을 키우는 외양간은 약간의 경사를 이루고 있다. 소와 말이 배설한 오줌은 낮은 데로 흘러내려 한곳으로 모이게 하는데 그 지점에 웅덩이를 파놓는다. 그 웅덩이에는 소와 말의 오줌이 모인다. 이렇게 모인 오줌에 담가 종자를 소독하는 것이다. 소독을 하면 종자에 병균이 덜 섞이게 되므로 발아하는 데 도움이 된다.

38 『문종실록』권4, 文宗 즉위년 10월 10일(庚辰), 6-303 ; 『문종실록』권10, 文宗 1년 10월 10일(乙亥), 6-445.

39 『세종실록』권111, 世宗 28년 1월 23일(辛卯), 4-652.

40 『세종실록』권111, 世宗 28년 2월 26일(甲子), 4-656.

41 『태종실록』권35, 太宗 18년 1월 13일(甲子), 2-200.


## 2. 땅 갈기

42 농사의 첫 단계는 땅을 갈아주는 것이다. 갈이 작업은 흙을 일으켜 섞어주는 것으로 시비의 효과가 있다. 또한 흙을 부드럽게 하며 작물을 파종할 수 있도록

경지를 재구성할 수 있도록 한다. 땅을 가는 농기구는 쟁기가 중심인데, 쟁기는 소를 이용하는 것이 일반적이다. 쟁기 이외에 따비나 삽·괭이를 사용해서 갈 수도 있다. 소규모의 농지라면 굳이 쟁기질할 필요 없이 삽이나 괭이를 가지고 땅을 갈 수 있다. 쟁기는 통상 소의 힘을 이용하지만 인력을 사용하는 수도 있다. 땅을 간 뒤에는 흙을 부수어 입자를 고르게 해야 하며, 씨를 뿌릴 수 있도록 평평하게 하고 또 두둑(이랑)과 고랑을 만든다. 작물에 따라 땅을 간 뒤 흙을 부수는 일, 파종서를 만들고 구획하는 짓이 매우 다르다.

43 가는 속도를 느리게 하면 흙이 부시져 흙덩이가 덜 생기므로 결국 흙이 부드러워진다.

44 빠른 속도로 소를 몰아 땅을 갈면 소가 쉽게 지친다. 소는 순발력보다는 지구력이 좋기 때문이다. 갈이 작업에 소를 사용하고 있음을 분명히 알 수 있다. 소가 갈이 작업에 활용되므로 쟁기를 사용했음이 확실하다.

45 깊게 갈면 생땅이 올라와 작물에 영양을 공급하지 못한다.

46 다스린다는 것은 쟁기질을 해서 일어난 흙을 깨뜨려주고 평평하게 만드는 작업을 의미한다. 봄갈이에서 신속하게 다스려준다는 것은 그렇게 하지 않으면 토양이 건조해지고 잡초가 자라기 때문이다.

47 가을에 쟁기질을 하면 올라온 흙이 건조해져서 희게 된다. 이때를 기다려서 다스리라는 것이다. 갈이 작업 후 시간이 경과하면서 공기 중의 유기물이 토양에 붙는 효과가 있다.

48 현재는 가을의 추수가 끝난 뒤 갈이를 하는 일이 흔치 않다. 조선 초에는 가을갈이를 크게 권장했다.

49 갈이 작업한 밭 표면을 마른 풀로 덮은 뒤 불로 태우는 것이다. 재로 덮인 밭을 다시 갈아줌으로써 재가 흙 속에 들어가 거름이 된다. 조선 초 토양을 비옥하게 만들기 위해 식물을 태운 재를 널리 활용했다.

50 녹두를 밭에 뿌린 다음 갈아서 복토하는 것으로 이해된다(5장 첫째 문단 참조). 염정섭은 '녹두를 기경하고 (파종한 다음) 무성하기를 기다려'로 풀이했다[염정섭 (2002), 앞의 책, 120쪽]. 즉 갈이 작업 후에 녹두를 파종하는 것으로 보는 것이다.

51 녹두를 입모(立毛) 상태로 갈아엎는 것을 말한다. 녹두를 녹비작물(綠肥作物)로

활용하는 것이다. 콩이 아닌 녹두를 택한 것은 생육 기간이 짧고, 비교적 척박한 땅에서 잘 자라기 때문이다(김영진, 『朝鮮時代前期農書』, 한국농촌경제연구원, 1984, 48쪽).『농상집요』에서는 녹비 작물로 녹두가 으뜸이고, 팥과 참깨가 다음이라고 했다[최덕경(2012), 앞의 책, 75쪽]. 엄경(掩耕)에 사용한 농기구는 볏이 달린 쟁기였을 것이다.

52 녹두를 갈아엎으면, 녹두가 흙 속으로 묻혀 들어가 썩어서 거름이 된다. 척박한 밭의 경우 녹두를 활용해 거름을 준다면 땅이 비옥해진다는 것이다. 갈아엎기 때문에 잡풀이 땅속에 들어가 잡초가 덜 생기며 벌레 역시 흙 속으로 들어가기 때문에 덜 발생한다는 의미다.

53 황지(荒地)는 어의(語義)로는 황무지 곧 개간하지 않아 농업 생산이 이루어지지 않고 있는 땅을 지칭하지만, 여기서는 단순히 이런 토지만을 가리키는 것이 아니다. 이와 함께 '황전(荒田)' 즉 거칠고 묵은 땅으로서 이전에 경작한 적이 있으나 그 후 토질·인력·재해·전란 등 여러 연유로 방치되어 오래 황무한 채 있는 토지인 황전(荒田, 久遠陳田)도 가리키는 것으로 보인다[李景植,「朝鮮初期의 農地開墾과 大農經營」,《韓國史研究》75, 1991(같은 논문이『朝鮮前期土地制度研究』II, 지식산업사, 1998에 재수록, 42쪽)].

54 새로운 농지를 개간할 때 갈이하는 법을 설명한 것이다. 황무지를 개간해 농지로 만드는 것에 각별한 관심을 기울이고 있음을 볼 수 있다.

55 『농사직설』에서 언급한 달[月]은 모두 음력이다.

56 풀이 자란 상태에서 갈기 때문에 가는 과정에서 풀이 흙 속으로 들어가며, 그것이 썩어서 거름이 된다. 볏이 달린 쟁기를 사용해야 엄초(掩草)를 제대로 할 수 있을 것이다.

57 숙토(熟土)는 잘 부숙되어 식물이 잘 자랄 수 있는 흙을 뜻한다. 숙토에는 생땅과 달리 토양에 거름 성분이 있다.

58 처음 땅을 갈 때는 깊게 해서 깊은 곳의 흙을 겉으로 오게 한다. 그 흙을 다스리는 과정에서 표면에 있던 흙과 섞이도록 한다. 파종하기에 앞서 두 번째 갈 때 깊게 하면 생땅이 나와 딱딱하고 영양가가 떨어진다.

59 조선시대 척의 기준은 황종척이었는데, 이 황종척을 기준으로 하면 1척은 34.48cm

였다. 반면, 토지를 측정하는 양안에 있어 중요한 도구인 주척을 기준으로 하면, 1척은 20.62cm였다(이종봉, 『한국도량형사』, 소명출판, 2016, 176~192쪽).

60 황무지를 개간할 때 토질이 좋은가 여부를 변별하는 방법을 제시한 것이다. 1척 깊이의 흙을 파내서 맛을 볼 것을 권하고 있다. 흙이 달면 좋고 짜면 나쁘다는 의미다. 소금기가 있는 흙이 작물의 재배에 적합하지 않음을 지적한 것이다.

61 閔成基, 『朝鮮農業史硏究』, 一潮閣, 1988, 제3장 〈朝鮮犁의 特質과 犁耕法의 展開〉.

62 여러 연구자가 이 견해를 따르고 있다.

63 다음의 논저는 유벽려를 사용했다고 보고 있다. 李鎬澈, 『朝鮮前期 農業經濟史』, 한길사, 1986, 326쪽 ; 金容燮, 『朝鮮後期農學史硏究』, 一潮閣, 1988, 60~61쪽 ; 염정섭(2002), 앞의 책, 133~134쪽 ; 김재홍, 「中·近世 農具의 종합적 분석」, 《중앙고고연구》10, 2012.

64 閔成基(1988), 앞의 책, 제3장 〈朝鮮犁의 特質과 犁耕法의 展開〉.

65 金容燮(1988), 앞의 책, 60~61쪽.

66 『세종실록』권116, 世宗 29년 5월 26일(丙辰), 5-25.

67 『단종실록』권7, 端宗 1년 9월 25일(戊寅), 6-616.

68 『금양잡록』, 農談2.

69 『농사직설』에서 우마분(牛馬糞)이 자주 언급되는 것이 그러한 예다.

70 『세종실록』권77, 世宗 19년 6월 13일(辛未), 4-81.

71 『세조실록』권14, 世祖 4년 10월 9일(癸亥), 7-298.

72 李景植(1991), 앞의 논문.


## 3. 삼 재배법

73 삼씨 뿌리기를 가장 먼저 기술한 것은 마포(麻布)의 중요성 때문으로 보인다. 마포는 당시 민인의 의생활에서 가장 중심의 위치에 있었다. 삼의 재배는 어렵고도 중요한 농작업이었던 것으로 보인다.

74 삼의 재배를 위해서는 양질의 밭이 필요하다. 지력을 많이 소모하므로 비옥한

땅이 적합하며, 또 시비가 크게 필요한 작물이다.

75 농토를 해마다 쉬어가면서 바꿔 경작하는 것이다. 즉 일정 부분은 경작하고 일정 부분은 쉬고, 이듬해에는 쉰 곳을 경작하고 경작한 곳을 쉬게 하는 방법이다. 『농사직설』에서는 삼 재배에서만 세역을 언급하고 있을 뿐이어서 조선 초 세역 농사법은 일반적이지 않은 것으로 보인다.

76 세역을 하면 생장이 유리해져 섬유로 활용하는 껍질이 얇아지므로 가는 실을 얻을 수 있다. 또 길게 잘 자라기 때문에 마디 사이가 넓어 삼베를 길게 뽑을 수 있다.

77 작물 가운데 가장 많은 횟수로 갈아준다. 여러 차례 갈아주면 흙이 잘 섞이고 입자가 고르게 되며 거름의 효과가 있다. 종횡으로 합 여섯 차례 갈아주는 것이 모두 정월에 이루어지는 것으로 보인다.

78 우마의 배설물을 사용할 수 있으려면 우마를 사육해야 한다. 일반 농민이 우마를 사육하는 일은 흔치 않은 것으로 보인다. 따라서 우마분을 활용할 수 있는 농민은 농민 상층이나 부농일 수밖에 없다.

79 2월 상순이 가장 좋으며 중순이 그다음, 하순이 가장 나쁘다는 의미다.

80 추운 곳의 경우, 앞에서 언급한 2월 상순보다 늦게 갈 수밖에 없다. 땅 기운의 춥고 더움 차이에 따라 갈아주는 시기를 조절해야 하는 것이다.

81 삼[麻]이 9곡(九穀)과 구분됨을 알 수 있다. 즉 9곡에는 삼이 포함되지 않는다.

82 중국의 목작(木斫)은 수전의 평탄 작업에 사용하는 도구였다. 목작의 본래 명칭은 우(櫌)였다. 우는 흙덩이를 내리쳐서 깨뜨리고 전주(田疇)를 평탄하게 만드는 데 사용하는 도구였다. 즉 숙치와 마평의 기능을 하는 메였다. 『농사직설』에서는 목작을 소흘라(所訖羅, 써레)로 의역했다. 조선에서는 숙치와 마평에 이용하는 도구가 써레였기 때문이다. 중국에서 써레에 해당하는 도구는 파(耙) 또는 초(耖)라고 했다. 중국의 메[櫌]는 『농사직설』에서 뇌목(檑木, 古音波)으로 명명했다[염정섭(2002), 앞의 책, 136~140쪽 ; 金容燮(2007), 앞의 책, 242~263쪽].

83 소흘라(所訖羅)는 써레를 가리킨다. 써레는 갈아놓은 농지의 흙덩이를 부수거나 바닥을 판판하게 고르는 데 쓰는 농기구다. 긴 각목에 둥글고 끝이 뾰족한 살[齒] 6~10개를 빗살처럼 나란히 박고 위에 손잡이를 가로 대었으며 각목의 양쪽에

봇줄을 달아 소 멍에에 매어 끌게 했다. 김용섭은 수전용 소흘라와 한전용 소흘라를 별개의 농구로 보았다. 수전용은 치(齒)가 길고 치간(齒間)이 조밀했던 데 반해 한전용은 짧은 몸체에 치를 서너 개 또는 네다섯 개 박은 소형으로 이해했다[金容燮(2007), 앞의 책, 262쪽].

84 흙덩이를 부수어 흙의 입자를 곱게 하는 것을 말한다. 쟁기질한 경지를 써레나 쇠스랑을 가지고 흙덩이를 부숴 잘게 만들고 잘 섞어줘 좋은 땅이 되도록 하는 것이다.

85 평평하게 경지를 정리한 다음 발로 골고루 밟아주기 때문에 농지의 표면이 다소 굳어질 것이다.

86 2월에 갈면서 숙치하고 바로 씨를 뿌리는 것으로 보인다. 밟아서 다소 딱딱해진 흙 위에 삼씨를 고르게 뿌린다는 것으로 이해된다. 이호철·민성기·김용섭은 모두 조파(條播, 線種, 골뿌림, 줄뿌리기)로 보고 있다[李鎬澈(1986), 앞의 책, 147쪽 〈표 4〉; 閔成基(1988), 앞의 책, 146쪽; 金容燮(1988), 앞의 책, 66쪽]. 그러나 복토하는 방법을 고려하면 만파(漫播, 흩어뿌리기)로 볼 여지가 있다.

87 섬유질이 나빠진다는 것은 너무 조밀해서 제대로 생장이 되지 않는다는 뜻이다. 조밀하면 줄기가 가늘어 섬유질이 불량해진다.

88 드물게 씨를 뿌리는 경우, 위로 자라지 않고 옆으로 가지가 많아지게 된다. 위로 쭉 뻗어 자라야 쓸모가 있는 것인데, 옆으로 퍼져 가지가 많으면 실을 만들기에 적합하지 않다.

89 삼씨를 고르게 뿌린 상태에서 끙게를 사용해 흙으로 삼씨를 얕게 덮어주는 것이다.

90 끌개로 번역하기도 한다(權振肅, 「農事直說―解題 및 國譯―」, 《韓國의 農耕文化》2, 경기대박물관, 1988, 168쪽).

91 소와 말의 똥을 숙성시킨 거름이다. 우마분을 흙으로 덮인 삼씨 위에 뿌려주는 것이다. 삼의 재배에는 상당한 시비가 필요함을 알 수 있다.

92 1촌은 1척의 1/10의 크기다. 황종척을 기준으로 하면 1척은 34.48cm이므로 1촌은 약 3.5cm가 된다. 3촌은 결국 10cm 내외가 될 것이다.

93 『농상집요』에서는 김매기를 두 번 하고 그치며, 모가 커서 김매기를 하면 삼을

다치게 한다고 언급했고, 너무 조밀하거나 나약한 모는 과감하게 솎아내야 한다고 기술했다[최덕경(2012), 앞의 책, 158쪽].

94 삼은 잡초보다 더 크게 자라므로 싹이 어릴 때만 잡초를 제거하면 된다. 그 이후는 잡초보다 키가 크므로 잡초가 삼의 아래에 놓여 제대로 자라지 못해 삼의 성장에 크게 방해가 되지 않는다.

95 김용섭, 「세종조의 농업기술」, 『세종문화사대계』2, 2000(같은 논문이 『韓國中世農業史研究』, 지식산업사, 2000에 재수록, 399쪽 〈표 11〉과 402쪽 〈표 12〉를 기초로 재정리함).

96 현대의 농법을 해설한 부분에서 언급한 달[月]은 양력이다. 이하 같다.

97 『명종실록』권30, 明宗 19년 4월 12일(癸未), 20-695.

98 『선조실록』권88, 宣祖 30년 5월 26일(丙辰), 23-231.

99 『세종실록』권84, 世宗 21년 1월 13일(壬辰), 4-181.

## 4. 벼의 재배법

100 식량 작물 가운데 가장 먼저 벼를 기술했다. 식용의 농작물로 벼가 으뜸가는 위치에 있었음을 알 수 있다. 서술한 분량에서도 벼 재배법이 가장 많다.

101 무논에 볍씨를 뿌리는 것이다. 물삶이로 번역하기도 한다[金容燮(1988), 앞의 책, 56쪽].

102 마른 논에 볍씨를 뿌리는 것이다. 파종하는 방식이 수경과 다르다.

103 벼농사에서는 제초가 매우 중요하다. 무더운 여름철 여러 차례 김매기를 하지 않으면 제대로 된 수확을 기대할 수 없다. 벼의 파종법은 여러 가지가 있지만, 제초의 방법은 모두 동일하다는 뜻이다.

104 수경을 하려면 논에 물을 확보할 수 있어야 한다. 그렇기 때문에 물을 공급하는 수원을 확보하는 것이 수경에 절대적이다.

105 지대가 낮은 웅덩이로서 물이 고여 있는 곳이 중간인데, 물이 풍부해 벼농사에 유리하기는 하지만 물을 자유롭게 뺄 수 없기 때문에 벼농사에 불리한 점이 있다.

더구나 오래 비가 와서 진흙이 섞여 흙탕물이 된다면 벼 싹이 썩는 것이다. 벼농사는 항상 물이 필요한 것이 아니고 때로는 물을 빼주는 작업이 필요하기 때문이다.

106 지대가 높아 비를 기다려 갈 수 있는 곳은 바로 천수답(天水畓)이다. 이곳은 비가 오지 않으면 벼농사를 지을 수 없다.

107 추수 후에 갈아둔다는 뜻이다.

108 용분(用糞), 이분(ㅅ糞)이 분을 김영긴온 모두 인분으로 빈릭했으니[常栄㮔(1984), 앞의 책, 51쪽], 이호철은 수전에 입분된 분은 가공되지 않은 우마분(牛馬糞)이거나 인분(人糞)으로 보았고[李鎬澈(1986), 앞의 책, 211쪽], 민성기는 수전에 입분된 분은 우마분이며, 우마의 순분(純糞)이라기보다는 우마구분(牛馬廐糞)일 가능성이 크다고 추정했다[閔成基(1988), 앞의 책, 제7장 〈朝鮮時代의 施肥技術〉]. 김용섭은 분을 매일 볏짚을 외양간 안에 넣어 펴서 소가 밟게 한 후 걷어내 퇴적함으로써 만든 것으로 보았다[金容燮(1988), 앞의 책, 70~71쪽].

109 가을갈이를 하지 못한 경우 정월 얼음이 풀리면 간다는 의미로 보인다.

110 거름 대신에 흙을 넣어주는 것으로 이른바 객토라는 것이다.

111 써레질을 종횡으로 해서 흙을 부숴주고 평평하게 한다는 뜻이다.

112 써레질한 뒤에 다시 쇠스랑으로 아직도 부서지지 않은 흙덩이를 두들겨서 잘게 부숴 흙을 무르게 한다는 뜻이다.

113 썩거나 발효하지 않게 하는 것이다. 수분을 머금어 눅눅한 상태로 따뜻한 곳에 있으면 뜨기 쉽다.

114 1푼은 1촌(=3.448cm)의 1/10이므로, 2푼은 6.9mm 정도가 된다.

115 볍씨를 고르게 뿌리는 일은 매우 힘들다. 농사 초보자가 할 수 없으며, 숙련된 노련한 농부라야 할 수 있는 작업이다. 논에 물을 대지 않은 상태에서 씨를 뿌리고 있다. 이어지는 김매기를 고려하면 줄뿌리기[條播]의 가능성이 높다. 이호철은 균살(均撒)을 열조파법(列條播法)으로 보았다. 그리고 균살이 산파(散播, 흩어뿌리기)라면 3~4회 계속된 제초 작업이 크게 곤란했을 것이고, 햇볕과 바람을 차단해 벼의 성장에 큰 지장을 주었을 것이라고 보았다[李鎬澈(1986), 앞의 책, 41~42쪽, 57~58쪽]. 민성기는 균살을 볍씨를 못자리에 뿌리듯이 고루 균포

(均布)되게 주의 깊게 뿌리는 산파로 이해했다[閔成基(1988), 앞의 책, 제4장 〈朝鮮前期의 麥作技術考〉, 146쪽]. 염정섭도 균등하게 흩뿌리는 만종법(漫種法)으로 보았다[염정섭(2002), 앞의 책, 43~44쪽].

116 번지는 논밭의 흙을 판판하게 고르기 위해 써렛발 앞에 덧대는 너른 판자를 가리킨다. 여기서는 번지를 파종하고 복토하는 데 사용했다.

117 밀개는 현재의 고무래로 논이나 밭의 흙을 고르거나, 씨 뿌린 뒤 흙을 덮을 때, 또는 곡식을 모으거나 펴는 데 쓰는 연장이다.

118 벼 싹이 날 때까지 물을 대고 새를 쫓는다는 의미다. 벼 싹이 나면 새가 먹지 않는다.

119 벼 싹 사이에서 자라는 잡초를 손으로 뽑아서 제거하는 것이다.

120 흙이 굳어 있으면 손으로 잡초를 제거하기 힘들어 호미를 사용하는 것이다.

121 어떤 경우에도 볏모 전체가 물에 잠길 정도로 물을 대면 안 된다.

122 김매기 뒤에 볏모를 햇볕에 쬐이게 되면 뿌리가 튼튼해진다. 뿌리가 튼튼하면, 바람이 불어도 잘 쓰러지지 않고, 또 가뭄이 들어도 잘 버틸 수 있는 것이다.

123 황종척을 기준으로 하면 1척이 34.48cm이므로 반 척은 17.24cm가 된다.

124 그렇게 해야 뿌리가 잘 뻗고 분얼할 수 있을 것이다.

125 올벼는 김매기를 서둘러야 한다는 뜻이다.

126 벼농사는 이처럼 물을 대기도 하고 빼기도 하는 것을 반복한다. 이것을 제때에 하지 않으면 벼가 제대로 자라지 않아 충실한 수확을 기대할 수 없다. 벼가 익어갈 때에는 물을 빼서 잘 여물 수 있도록 한다.

127 벼를 베는 작업에는 낫을 사용했을 것이다. 『농사직설』에서는 낫에 대한 언급이 없지만 곡식을 베는 도구로 낫을 사용한 것은 상당히 이른 시기부터이므로 조선초 낫을 사용해 곡식을 베는 것은 일반적인 일이었을 것이다.

128 올벼의 경우 얼음이 풀리면 거름을 주는데 새 흙을 넣기도 한다.

129 흙과 거름, 다시 흙과 잡초의 순서로 진행한다는 의미다.

130 수렁 땅을 뜻한다.

131 가볍고 떠 있는 느낌을 주는 곳으로 혜식은 땅이라 한다.

132 물웅덩이인 경우는 흙을 넣어서 질퍽한 정도를 줄여야 하고, 부허한 경우에도

흙을 추가해 토질을 바꾸어야 하며, 물이 차가운 곳의 경우에도 흙을 넣어서 물의 온도를 조절해야 한다는 뜻이다.

133 가지가 붙어 있는 갈나무 잎을 가리킨다.

134 척박한 논을 수경하는 경우, 우마분·연지저엽·인분·누에똥 등을 시비로 사용하는 것이다.

135 인분과 누에똥은 많이 확보하는 것이 어렵다는 뜻이다.

136 치견에 대한 언급이 없는데 앞이 오버이 방시과 같을 것으로 보인다. 늦벼른 파종하는 시기에 대한 언급이 없다.

137 결국 소출이 떨어지는 것이다.

138 김매기를 6월 보름 전에 세 차례 해줘야 하며, 적어도 6월 안에 세 차례 해야 한다는 것이다. 6월을 넘겨서 김매기를 하는 것은 최하의 방식이라는 것이다.

139 건경은 봄 가뭄으로 인해 불가피하게 하는 것이다. 가급적 수경을 하고자 하는 것이 당시의 실상이다. 김용섭은 건파법(乾播法)은 중국이나 일본에서 널리 보급되어 있지 않았다는 점에서 조선 수도작(水稻作)의 한 특징이라고 파악했다[金容燮(1988), 앞의 책, 63쪽].

140 비가 오기를 기다려도 오지 않을 때 더 이상 지체할 수 없는 시점에 건경을 하는 것이다.

141 곰방메는 지름이 6cm 정도이고, 길이가 30cm 정도 되는 둥근 나무토막에다 긴 자루를 박은 T자형의 농기구다. 논밭을 간 다음 흙덩이를 깨뜨리거나 골을 다듬는 데, 또는 씨 뿌린 뒤에 흙을 덮는 데 사용했다.

142 마른 땅을 쟁기질했기 때문에 흙덩이가 단단하다. 그렇기 때문에 곰방메를 사용해 흙덩이를 부수고 그다음에 쟁기질을 해서 흙을 평평하게 하고 무르게 하는 것이다. 수경의 경우에는 논에 물이 있어 흙이 무르기 때문에 쟁기질 뒤에 써레질을 할 수 있지만, 마른 논을 갈기 때문에 쟁기질 다음에 흙을 부수는 작업을 하고 써레질은 그다음에 할 수밖에 없는 것이다.

143 숙분은 썩어 잘 숙성된 거름을 뜻하는 것으로 보인다. 잘 썩은 똥[權振肅(1988), 앞의 논문, 169쪽], 잘 썩은 인분[金榮鎭(1984), 앞의 책, 52쪽]으로 해석하고 있다. 아마 마른 상태는 아니고 물기가 많은 상태여야 할 것이다. 김용섭은 뒷간

에서 배합되는 것으로 보았다. 즉 아궁이에서 태운 볏짚·잡초·나무의 재를 긁어내 뒷간에 가져다 두고, 그 재로써 인분을 덮어 뒤쪽으로 쌓아 올리되, 요강에 받은 오줌을 그 위에 부어줌으로써 만들어지는 것으로 풀이했다[金容燮(1988), 앞의 책, 72~73쪽].

144 곡식의 줄기·껍데기·쭉정이 등을 태워 재를 만들고, 소의 오줌을 재에 뿌려 고루 섞는다. 재에 오줌을 뿌리면 최상의 거름을 확보할 수 있다. 그 오줌재에 볍씨를 섞어서 뿌리는 것이다. 볍씨보다 오줌재가 15배의 양을 차지하는 것이다. 오줌재에 소량의 볍씨가 섞이는 방식이 된다.

145 발뒤꿈치로 약간 움푹 들어가게 구멍을 낸 뒤, 그 안에 오줌재에 섞인 볍씨를 넣어주고 다시 발을 사용해 흙을 덮어주는 것이다. 숙련을 필요로 하는 농작업이라 할 수 있다. 족종을 하는 경우 볍씨를 일정한 거리를 띄워 파종할 것이다. 그렇게 함으로써 김매기 등의 후속 농작업을 할 수 있는 빈 공간이 확보되는 것이다. 권진숙과 김영진은 족종을 '넉넉히 뿌리는 것'으로 해석했다.[金榮鎭(1984), 앞의 책, 53쪽 ; 權振肅(1988), 앞의 논문, 170쪽]. 족종에 대해서는 다양한 표현으로 설명하고 있다. "족종(足種)은 농무상(隴畝上)에 종인(種人)의 좌우족종(左右足踵)으로 파종처가 될 곳만 다지고, 그 자리에 손으로 종자를 알맞게 뿌리는 방법"[閔成基(1988), 앞의 책, 제1장 〈동아시아 고농법상의 樓犁考〉], "족종법은 종자를 파종할 때 발자국을 치고 파종하는 것이며, 벼 건삶이에서만 적용되는 것이 아니라 조·기장 파종에서도 적용되어 근세에 와서도 콩 파종에 가장 광범히 적용되었던 것"[홍희유, 「15세기 조선 농업기술에 대한 고찰」, 『북한의 민속학』(주강현 엮음), 역사비평사, 1989, 57쪽], "족종(足種)은 발자국을 치고 낙종하는 것"[金容燮(1988), 앞의 책, 63쪽], "족종법(足種法)은 『제민요술』 등의 파종법과 비교할 때 가장 특징적인 한국 특유의 점파법(點播法)이며, 무상(畝上, 壟)에 종자를 파종했다는 점에서 농종법(壟種法)이라 할 수 있다"[李鎬澈(1986), 앞의 책, 120쪽]는 등의 설명이 있다. 미야지마 히로시(宮嶋博史)는 족종법의 특징으로 복토(覆土)·답압(踏壓)을 신속히 하는 것에 의해 종자를 경토(耕土)에 밀착시키고, 토중(土中)의 수분 흡수를 용이하게 하는 것, 건조에 의한 종자의 피해를 피하는 것, 시비를 종자에 대해 집중적으로 행하는 것 등을 지적했다(宮嶋博史,

「朝鮮農業史上에서의 15世紀」,《朝鮮史叢》3, 1980).

146 숙분·오줌재와 섞인 볍씨는 거름과 거름에 포함된 수분을 토대로 발아하는데, 발아 후에 어느 정도 자랐을 때를 기다려서 물을 대야 한다.

147 볏모가 성장한 뒤에 물을 댄다는 의미다. 건경을 한 뒤에 비가 오더라도 바로 물을 대서는 안 되는 것이다. 싹이 자라지 않은 상태에서 풍족한 물이 들어오면 생장에 지장을 줄 수 있기 때문이다.

148 건경의 경우 잡초가 잘 크고 볏모가 상대적으로 더디 자라기 때문에 잡초의 제거가 더욱 중요한 것이다.

149 건경에서 김매기가 더욱 중요함을 표현한 것이다.

150 모내기 방법을 사용해 벼농사를 지으려면 농업용수를 안정적으로 확보할 수 있어야 한다. 용수를 제때에 충분히 확보하지 못하면 모내기를 할 수 없어, 농사를 완전히 망치게 된다.

151 이곳이 못자리[養苗處]가 되는 것이다. 못자리는 전체 논의 1/10의 공간을 배당한다.

152 벼농사 수경법에서 언급한 바와 같이, 쟁기질을 해서 갈고, 흙덩이를 부숴 입자가 고르고 평평하게 하며 무르게 하는 작업을 가리킨다.

153 좌(剉)를 쓰는 것으로 해석하기도 한다[金容燮(1988), 앞의 책, 57쪽].

154 버드나무 가지를 넣고 밟아줌으로써 흙과 섞이게 되어 거름이 된다.

155 양묘처에서의 하종은, 오늘날의 못자리에서와 같이 골고루 균등하게 뿌리는 산파로 보고 있다[李鎬澈(1986), 앞의 책, 42쪽].

156 번지를 사용해 볍씨를 흙으로 얇게 덮은 다음 물을 댔을 것이다.

157 김용섭은 한 줌으로 해석했다[金容燮(1988), 앞의 책, 63쪽]. 권진숙은 약 4치로 보았다[權振肅(1988), 앞의 논문, 170쪽].

158 흙의 입자가 고르고 부드러워야 모내기를 제대로 할 수 있다.

159 매 포기마다 4, 5개의 볏모를 심는 것인데, 포기와 포기 사이에 일정한 공간이 생긴다.

160 모내기한 직후에는 물을 대주되 물이 풍부하더라도 깊게 해서는 안 된다는 뜻이다. 모내기는 물을 댄 상태에서 진행되었을 것이다.

161 가물면 모내기를 할 수 없기 때문에 농사를 완전히 망치게 된다. 반드시 농업용
　　수를 안정적으로 확보할 수 있는 논에서 모내기가 가능한 것이다. 그러나 제초
　　의 노동력을 줄이고 수확이 많기 때문에 농민들은 이 모내기 법을 선호했다. 그
　　렇지만 국가에서는 수원이 확보되지 않은 곳에서 묘종법을 택하는 것을 매우
　　위험시했다.

162 묏벼로 번역하기도 한다[金榮鎭(1984), 앞의 책, 52쪽].

163 이랑을 만들므로 고랑도 당연히 만들어질 것이다. 이때 이랑과 고랑이 같은 너
　　비로 배열되는 수도 있지만, 이랑은 넓게 고랑을 좁게 만들 수도 있다.

164 족종은 발자국을 치고 씨앗을 넣는 것이다. 곧 파종 지점마다 발자국을 내고 거
　　기에 약간의 볍씨를 넣어주고 발로 부근의 흙을 긁어서 볍씨를 덮어주는 것이다
　　(주 145 참조).

165 이랑에 한도를 족종하며, 볍씨를 흙으로 덮은 상태에서 발로 밟아서 족종한 곳을
　　굳게 해준다. 족종은 건경(乾耕)에서도 실시하고 있다(4장 넷째 문단). 발로 밟는
　　것은 수분의 증발을 억제하고 씨앗이 단단히 착토(着土)하도록 하기 위함이다.

166 김매기를 하면서 볏모 사이에 있는 잡초를 제거하는 것은 당연한 일이겠다. 볏
　　모 사이의 흙을 제거하기는 하지만 그 제거한 흙을 볏모 부근에 모아주는 이른
　　바 북주기를 하지 않는다는 것이다.

167 두둑을 만들어 족종할 때에 숙분이나 오줌재와 밭벼의 종자를 섞어 뿌릴 수 있
　　다는 것이다. 아마 건경할 때처럼 비슷한 비율로 섞어(1 대 15) 발뒤꿈치로 만든
　　홈에 볍씨와 거름을 함께 넣어주고 발로 부근의 흙을 모아 덮어주었을 것이다.

168 잡종하는 경우에도 당연히 밭두둑(이랑)에 족종했을 것으로 보인다. 밭벼·피·
　　팥을 2 대 2 대 1의 비율로 섞어 족종하는 것이다. 발꿈치로 만든 홈에 세 종류
　　의 종자를 넣어주고 덮는 것이다.

169 여러 종류의 작물 씨를 섞어서 동시에 뿌리는 방법이다. 여기서는 밭벼·피·팥
　　세 종류의 작물을 섞어서 동시에 파종한 것이다. 세 작물 작황이 모두 좋아 수확
　　할 수도 있고, 어느 한 작물에서만 수확할 수도 있을 것이다.

170 모든 농작물의 성장에는 수분이 필수적이지만, 수분을 많이 필요로 하는 것이
　　있는가 하면 수분을 적게 필요로 하는 작물도 있다. 피는 수분을 많이 필요로 할

것이며, 팥은 상대적으로 수분을 적게 필요로 할 것이다. 따라서 비가 많이 온 해에는 피의 수확을 제대로 할 수 있으며, 반면 비가 적게 오는 경우에는 팥의 수확을 제대로 할 수 있을 것이다.

171 교대로 뿌린다는 의미로 읽힐 수도 있지만 여기에서는 잡종을 뜻한다.

172 전실(全失)은 모든 농사를 망친다는 뜻이다. 비가 많이 오면 수분을 많이 필요로 하는 작물이 제대로 성장해 수확을 할 수 있고, 반대로 건조한 것을 좋아하는 작물은 제대로 수확하기 힘들게 된다. 반면 가뭄이 들면 가뭄에 강한 작물에서 수확할 수 있지만, 많은 수분을 좋아하는 작물에서는 제대로 수확할 수 없을 것이다. 여러 종류의 곡식을 함께 뿌리면 어느 한 종류의 곡식은 수확할 수 있어서 전혀 수확을 못 하는 사태는 막을 수 있다는 뜻이다. 수한이 어느 정도 있다 하더라도 파종한 모든 작물이 실패하지 않는다는 것이다. 교종(交種)·잡종법(雜種法)은 북방 지역에서 활용도가 높은 재배법이다. 북방은 다른 지역보다 한재(旱災)·수재(水災)·상재(霜災)가 잦으므로, 전실을 피하기 위해 이 방법을 택했다. 『농사직설』에서는 밭벼[旱稻]와 피[稷]와 팥[小豆]의 잡종 이외에도 백호마(白胡麻)와 늦팥[晚小豆]의 잡종, 참깨[胡麻]와 녹두(菉豆)의 잡종 등이 소개되었다[이경식, 「朝鮮初期의 北方開拓과 農業開發」,《歷史敎育》52, 1992(같은 논문이 『조선 전기토지제도연구』II, 지식산업사, 1998에 재수록)].

173 비교적 높은 지점을 수전으로 만드는 것을 뜻한다. 4장 여덟째 문단은 반대로 저지대를 수전으로 만드는 것을 가리킨다.

174 불을 지르면 자라던 초목이 타서 재가 되어 흙을 덮을 것이다. 이 상태에서 갈아주는 것이므로 토양에 거름을 주는 효과가 있다. 갈아준 상태에서 또 몇 차례 갈아주고 써레 등을 사용해 치전하며, 그곳에 볍씨를 뿌렸을 것으로 생각된다. 이런 개간지에서는 밭벼[旱稻]를 재배했을 것이다.

175 인분(人糞)으로 번역했다[김영진(1984), 앞의 책, 53쪽].

176 흙의 성질을 살펴 거름을 쓴다는 것은, 결국 지력이 유지되고 있는가를 살펴보고 부족하다고 판단되면 거름을 쓴다는 것이다. 초목을 태워 그것을 거름으로 삼은 경우 3~4년간은 지력을 유지할 수 있던 것으로 보인다. 3~4년이 지나면 지력이 떨어져 새로이 거름을 주어야 한다는 것으로 해석된다.

177 물풀이 무성한 수렁 땅을 윤목을 사용해 그 물풀을 눌러 죽이는 것이다. 나무를 굴려 풀 위를 지나가게 함으로써 풀을 눌러 죽이는 것이다.

178 물이 많은 수렁논이기 때문에 쟁기질이나 써레질을 할 수 없다.

179 저지대를 개간하는 경우, 늦벼[晩稻]를 뿌리는 것이다. 먼저 자란 풀을 죽이는 과정이 있기 때문에 올벼를 뿌릴 수는 없을 것이다. 올벼는 잡초와 동시에 자라기 때문에 잡초를 죽이는 과정을 거칠 수 없다.

180 시목을 끄는 것은 볍씨를 눌러 흙에 밀착시키고 동시에 약간의 흙으로 덮는 작업이다. 수경이나 못자리의 경우 번지[板撈]를 사용해 볍씨를 덮는 것과 달리 시목으로 덮는다.

181 손잡이를 잡고 발판을 밟아 삽질을 하듯 땅을 일구는 농기구다. 비탈이 심하거나 돌과 나무뿌리가 많아 쟁기를 쓸 수 없는 곳에서 땅을 일구는 데 사용했다.

182 한 해의 벼농사로 수렁논의 물기가 상당 부분 흡수되었을 것이다. 그렇지만 아직도 물이 많아 쟁기질을 할 수 없는 것이다.

183 소 쟁기질을 함으로써 위의 흙과 아래의 흙을 섞어줄 수 있기 때문에 흙 표면의 잡초가 흙 속으로 들어가 죽는다. 그 결과 잡초가 덜 생긴다.

184 염정섭은 가라지로 번역했다[염정섭(2002), 앞의 책, 60쪽 참조]. 가라지는 볏과의 한해살이풀로 줄기와 잎은 조와 비슷하고 이삭은 강아지풀과 비슷하며, 밭에서 자란다.

185 쟁기질을 하면 잡초가 덜 생장하므로 김매기의 횟수를 줄일 수 있다는 의미다.

186 나무를 5각의 형태로 만드는 것이니, 결국 오각기둥이 되는 것이다. 나무는 꽤 무게가 나가는 것이어야 할 것이다. 그렇지 않고 가볍다면 풀을 눌러 죽이는 효과가 떨어지기 때문이다.

187 오각기둥의 나무가 소·말에 끌려 가면서 저절로 회전하기 때문에 풀을 눌러 죽이는 효과가 있다.

188 사람이 들어갈 수 없는 수렁논의 경우 도리깨를 사용해 풀을 죽이고 표면을 부드럽게 만든 뒤에 볍씨를 뿌리는 것이다.

189 도리깨는 콩·보리 등 곡식을 두들겨서 알갱이를 떨어내는 데 쓰는 농기구다. 긴 작대기나 대나무 끝에 턱이 진 꼭지를 가로 박아 돌아가도록 하고, 그 꼭지

끝에 길이 1m쯤 되는 휘추리 서너 개를 나란히 잡아맨 형태를 하고 있다. 긴 자루를 공중에서 흔들면 이 나뭇가지들이 돌아가는데, 이것을 아래로 내려쳐서 깔아놓은 곡식을 두드린다.

190 저지대에 벼농사를 짓는 경우, 늦벼를 뿌리고, 소가 끄는 시목으로 종자를 덮는 방식을 택했다. 그러나 심한 수렁의 경우 사람과 소가 들어가 밟을 수 없으므로 소를 부려 시목을 끌게 함으로써 종자를 덮기는 어려웠을 것이다. 그렇다면 볍씨를 하종하는 데 그치고 볍씨를 덮어주는 일은 세내도 이찌 못했을 것이다.

191 『세종실록』권102, 世宗 25년 11월 2일(癸丑), 4-520.

192 『세종실록』권49, 世宗 12년 8월 10일(戊寅), 3-250.

193 세종 7년(1425) 12월 기장의 일종인 거서(秬黍, 검은 기장)의 경우 종자 14석 12두를 뿌려 수확이 264석에 이르렀다고 하는 데서[『세종실록』권30, 世宗 7년 12월 19일(甲申), 2-707] 알 수 있듯이 17.68배의 소출을 올리고 있다. 그리고 경기와 강원도 한전에서는 3.5배에서 8배의 소출을 올린다는 지적이 보인다[『세종실록』권49, 世宗 12년 8월 10일(戊寅), 3-250].

194 『세종실록』권49, 世宗 12년 9월 11일(己酉), 3-259.

195 『문종실록』권10, 文宗 1년 11월 11일(乙巳), 6-452.

196 주 95)와 같음.

197 반면 한전에서 재배하는 작물은 매우 다양하다. 작물을 기준으로 본다면 벼를 재배하는 농지가 여타 작물을 재배하는 농지보다 훨씬 규모가 컸을 것이다.

198 〈표〉『세종실록지리지』의 墾田數와 旱田水田 비율(金容燮, 「朝鮮初期의 勸農政策」, 『韓國中世農業史研究』, 지식산업사, 2000, 395쪽).

| | 간전결수<br>(호당 평균)(결) | 旱田(결) | 水田(결) | 동상 백분율 | |
| --- | --- | --- | --- | --- | --- |
| | | | | 旱田 | 水田 |
| 경상도 | 261,438(6,191) | 158,597 | 102,841 | 60.66 | 39.34 |
| 전라도 | 264,268(10,977) | 141,946 | 122,322 | 53.71 | 46.29 |
| 충청도 | 236,114(9,772) | 140,925 | 95,189 | 59.69 | 40.31 |
| 경기 | 201,042(7,095) | 124,938 | 76,104 | 61.15 | 37.95 |

| | | | | |
|---|---|---|---|---|
| 강원도 | 65,908(5.946) | 57,480 | 8,428 | 87.21 | 12.79 |
| 황해도 | 223,880(9.521) | 188,593 | 35,287 | 84.24 | 15.76 |
| 평안도 | 311,770(8.386) | 279,526 | 32,244 | 89.66 | 10.34 |
| 함길도 | 149,306(7.979) | 142,244 | 7,062 | 95.27 | 4.73 |
| 합계 | 1,713,726(7.573) | 1,234,249 | 479,477 | 72.02 | 27.98 |

199 이태진, 「16세기 川防(洑)灌漑의 발달」, 『韓國社會史硏究』, 지식산업사, 1986 ; 菅野修一, 「李朝初期農業水利의 發展」, 《朝鮮學報》119·120합집, 1986 ; 이태진, 「15세기의 水利政策과 水利시설」, 『의술과 인구 그리고 농업기술』, 태학사, 2002 ; 김상태, 「조선 전기의 水利施設과 벼농사」, 《國史館論叢》106, 2005.

200 『문종실록』권10, 文宗 1년 11월 11일(乙巳), 6-452.

201 『세종실록』권102, 世宗 25년 11월 5일(丙辰), 4-522.

202 『세종실록』권47, 世宗 12년 2월 19일(庚寅), 3-216.

203 『세종실록』권79, 世宗 19년 11월 29일(乙卯), 4-117.

204 『세조실록』권30, 世祖 9년 1월 28일(戊午), 7-564 ; 『성종실록』권102, 成宗 10년 3월 13일(己巳), 9-699.

205 『성종실록』권134, 成宗 12년 10월 9일(庚戌), 10-263.

206 벼만 그런 것이 아니라 다른 작물도 그러했을 것이다. 그렇기 때문에 동일 작물이라 하더라도 많은 품종이 있는 것이다. 각 곡물의 다양한 품종에 대해서는 『금양잡록』 참조.

207 『문종실록』권4, 文宗 즉위년 10월 10일(庚辰), 6-303.

208 『문종실록』권10, 文宗 1년 10월 10일(乙亥), 6-445.

209 『문종실록』권4, 文宗 즉위년 10월 10일(庚辰), 6-303.

210 오십일조(五十日租)나 구황조종(救荒租種)은 대체로 단기육성작물이었던 만큼 한해(旱害) 대용작물로도 중요시되었을 것이다. 이것은 추위가 일찍 내습해 단기 육성을 요하는 북부지방에 가장 적합한 품종이었다[홍희유(1989), 앞의 논문].

211 조선 초기의 이앙법 및 벼농사에 관해서는 다음의 논문을 참고할 수 있다. 염정섭, 「14세기 고려 말, 조선 초 농업기술 발달의 추이—수도 경작법은 중심으로 」.

《농업사연구》6-1, 2007 ; 김성우, 「15·16세기 水田農法의 발달과 慶尙道의 위상」, 《大丘史學》89, 2007.

212 『태종실록』권27, 太宗 14년 6월 11일(壬子), 2-22.

213 李宗峯, 「고려 시기 수전 농업의 발달과 이앙법」, 《韓國文化研究》6, 부산대학교 한국문화연구소, 1993 ; 金容燮(2007), 앞의 책, 24~27쪽.

214 『세종실록』권64, 世宗 16년 4월 26일(癸酉), 3-561.

215 『세종실록』권68, 世宗 17년 4월 16일(丁巳), 3 624.

216 『세종실록』권68, 世宗 17년 4월 16일(丁巳), 3-624.

217 『세종실록』권150, 地理志 慶尙道 慶州府 大丘郡, 5-639.

218 『세종실록』권150, 地理志 慶尙道 安東大都護府 河陽縣, 5-644.

219 『세종실록』권150, 地理志 慶尙道 尙州牧 星州牧, 5-646.

220 『세종실록』권151, 地理志 全羅道 濟州牧, 5-667.

221 『세종실록』권151, 地理志 全羅道 濟州牧 旌義縣, 5-667.

222 『세종실록』권151, 地理志 全羅道 濟州牧 大靜縣, 5-667.

223 『세종실록』권152, 地理志 黃海道 黃州牧, 5-669. 황주목에서는 산도(山稻)와 만도(晚稻)를 함께 언급하고 있다.

224 강희맹의 『금양잡록』에는 27개의 벼 품종이 언급되어 있다. 이들 품종은 숙기에 따라 올벼 및 중생벼·늦벼로 구분하고 있고, 논벼와 밭벼로 나뉘며, 또 메벼와 찰벼로 구분하고 있다[李鎬澈(1986), 앞의 책, 44~46쪽 ; 염정섭(2002), 앞의 책, 64~68쪽].

225 『세조실록』권30, 世祖 9년 1월 28일(戊午), 7-564.

226 『성종실록』권2, 成宗 1년 1월 26일(乙巳), 8-460.

227 『성종실록』권102, 成宗 10년 3월 13일(己巳), 9-699.

228 李景植, 「朝鮮初期의 農地開墾과 大農經營」, 《韓國史研究》75, 1991(같은 논문이 『朝鮮前期土地制度研究』II, 지식산업사, 1998에 재수록).

229 『세종실록』권82, 世宗 20년 7월 5일(丁亥), 4-152.

230 『태종실록』권32, 太宗 16년 7월 26일(乙卯), 2-129.

231 『성종실록』권6, 成宗 1년 6월 10일(丁巳), 8-509.

# 5. 기장과 조의 재배법

232 권진숙은 저므실조로 번역했다[權振肅(1988), 앞의 논문, 171쪽].

233 권진숙은 청량조로 번역했다[權振肅(1988), 앞의 논문, 171쪽].

234 서리는 3월 중에 갑자기 내리지 않게 된다. 그 시점을 택하라는 것이다.

235 지대가 높고 물기가 많지 않으며, 가는 모래와 검은 흙이 반씩 섞인 밭이 기장·조 농사에 적합하다. 기장과 조는 상대적으로 습기가 많지 않은 땅을 선호한다는 의미다.

236 팥을 뿌린 뒤에 갈면 팥을 뿌린 겉흙이 묻히게 된다. 흙 속에 들어간 팥이 기장과 조의 거름이 되는 것이다(2장 셋째 문단 참조). 가는 과정에서 흙이 올라온 부분이 이랑이 될 것이다. 가는 데 사용한 농기구는 쟁기보다는 극쟁이로 보는 것이 타당할 것이다. 김영진은 갈아 이랑을 짓는다고 해석했다[金榮鎭(1984), 앞의 책, 56쪽].

237 가는 과정에서 흙이 양옆으로 모여 이랑이 만들어졌을 것이다.

238 올라온 이랑 부분을 양발을 사용해 교대로 밟아준다는 의미로 해석된다. 즉 흙 덩이를 부수고 평평하게 해주는 작업을 거치지 않은 상태에서 밟아주고 씨를 뿌리는 작업이 진행된 것으로 판단된다. 치전(治田)의 과정을 거치지 않는 것으로 보인다. 김용섭은 밭이랑[畝, 壟] 좌우를 따라 족종(발뒤꿈치)으로 밟아 낙종처를 작성하는 것으로 풀이했다[金容燮(2007), 앞의 책, 144쪽].

239 들깨와 기장·조를 섞은 비율이 1 대 3이라는 의미다. 기장과 조를 많이 넣고 들깨를 적게 넣어서 섞는 것이다. 들깨는 거름으로 사용한다는 의미로 보인다[李鎬澈(1986), 앞의 책, 203~204쪽]. 들깨와 기장·조를 동시에 재배하는 이른바 잡종으로 볼 소지가 없지 않다. 그런데 들깨 수확에 대한 언급이 없고, 또 들깨 재배는 뒤에 별도로 언급하는 것으로 봐서(9장 셋째 문단), 기장·조를 재배하는 것이고 들깨는 거름으로 사용한 것으로 판단된다. 기장·조의 재배에는 팥과 들깨를 모두 거름으로 사용한다는 결론이 된다. 발뒤꿈치로 밟아주는 과정을 거치면서 파종한 것으로 보아 족종이었을 것이다.

240 하종(下種)으로 표현하고 있다. 살종(撒種)이나 척종(擲種)과 구분되는 표현이다. 민성기는 서속(黍粟)은 점파(點播)로 이해하고 있고[閔成基(1988), 앞의 책, 146쪽],

이호철도 서속은 점파로 보고 있다[李鎬澈(1986), 앞의 책, 147쪽].

241 두 발을 움직이면서 씨를 덮어주었다고 하므로, 이랑에 씨를 뿌린 것과 밟아주
는 것이 동시에 이루어진 것으로 보인다. 아마 이랑을 발로 밟아주면서 생긴 발
자국에 씨를 내려놓고, 두 발을 사용해 흙으로 기장과 조를 덮는 것으로 보인다.
농종(壟種)·족종(足種)을 택한 것으로 이해된다. 김용섭은 낙종처를 밭이랑 좌우
측면에 박뒤꿈치로 밟아 마련하고 거기에 종자를 넣고, 좌우족을 움직여 복토를
했으므로 결국 서속의 곡렬(穀列)은 1묘(畝)에 2행(行)이 된다고 보았다[金容燮
(2007), 앞의 책, 144~145쪽, 186쪽].

242 기장과 조가 지나치게 빼곡하게 파종된 곳을 의미한다. 적당히 솎아주지 않으면
잘 자라지 못한다.

243 기장·조 주변의 잡초를 제거하고 기장·조의 모를 솎아주고, 아울러 주변의 흙
을 모아 기장·조의 모 부근으로 모아준다. 이것이 북을 준다는 의미다. 이렇게
북을 주면 기장·조의 뿌리가 두터운 흙으로 보호를 받게 된다. 『농사직설』에서
솎아주기 작업을 구체적으로 언급한 유일한 예다.

244 잡초가 없어도 호미질을 해준다는 의미다. 북을 주는 일을 겸하기 때문이다.

245 『농사직설』에서는 후대의 고랑[畎]에 해당하는 것을 묘간(畝間)으로 표현하고
있다.

246 기장과 조는 이랑[畝, 두둑]에서 생장하기 때문에 양 묘간에서는 잡초가 무성해
진다.

247 소에 망을 씌우지 않으면 서속과 풀을 먹느라고 제대로 나아가지 않는다.

248 볏이 없는 극젱이를 사용한 것으로 보인다. 갈아엎어 풀을 죽이고 이랑에 북 주는
효과가 있다.

249 소를 사용해 이랑 사이를 갈기 위해서는 이랑 사이(즉 고랑)가 소가 이동할 수
있도록 넓어야 할 것이다.

250 소를 사용해 양 묘간을 갈면 잡초는 제거되고 흙이 일어나 양옆으로 옮겨져 기장·
조에 북을 준다.

251 기장과 조를 벨 때 사용하는 도구는 낫일 것이다.

252 베어낸 뒤 타작하는 방법에 대해서 언급이 없다.

253 김영진은 잘 썩은 인분으로[金榮鎭(1984), 앞의 책, 56쪽], 권진숙은 잘 썩은 거름으로 번역했다[權振肅(1988), 앞의 논문, 171쪽].

254 숙분·오줌재에 기장·조의 종자를 섞어서 뿌리는 방식이다. 섞는 비율은 2~3 대 150의 비율이 된다. 숙분과 오줌재가 매우 높은 비율로 포함됨을 알 수 있다. 방식은 두둑에 거름과 섞은 기장·조의 종자를 뿌리고 발로 밟아주는 족종법이 었을 것으로 보인다.

255 농작물을 재배할 때 늦게 씨 뿌리고 일찍 수확하는 것은 몹시 희망하는 바다. 생장의 기간이 짧아 서리 등의 재해를 피할 수 있고, 또 1년에 두 차례 작물을 재배하는 것이 쉬워지기 때문이다.

256 권진숙은 생동찰로 번역했다.

257 청량(靑粱)류는 5월에 파종하는 만종조숙속(晩種早熟粟)인데, 강피[姜稷]와 더불어 북방 농사를 배려한 소개로 보인다[이경식(1992), 앞의 논문].

258 흙이 두텁다는 것은 표면의 흙이 많다는 의미다. 표면의 흙이 얇고 바로 밑에 돌이나 맨땅이 있는 곳도 적지 않다. 오래 묵힌 땅은 풀이 많이 자란 곳이다.

259 숲과 나무가 자란 곳이나 오래된 진전의 경우, 풀을 베어내고 말린 다음 태워 재를 만들 수 있기 때문에 양질의 거름을 확보할 수 있다. 식물을 태운 재는 양질의 거름으로 기능한다.

260 거미는 재를 좋아해서 재가 있는 곳에 모여들어 거미줄을 치는 경향이 있다. 재가 뜨거운 상태라면 거미가 몰려오지 않지만, 재가 식으면 거미가 몰려와 거미줄을 치는 것이다.

261 땅의 표면에 거미줄을 쳐서 씨를 뿌려도 거미줄에 걸려 흙에 닿지 못하는 것이다. 당연히 싹이 날 수 없다.

262 조의 종자를 흩어 던져 뿌리는 것이다. 당연히 고르게 뿌리는 것이 중요할 것이다. 이호철은 청량속은 조파(條播)로 보고 있다[李鎬澈(1986), 앞의 책, 147쪽]. 김용섭은 만파(漫播)하지만 철치파(쇠스랑)로 기토(起土) 복종(覆種)하면 결국 묘상(畝上)에서 싹 트고 자라는 것으로 보아 농종법의 범주에 든다고 파악했다 [金容燮(2007), 앞의 책, 147~148쪽].

263 쇠스랑을 사용하면 흙이 얇게 인어 나며 그렇게 일어난 흙으로 소의 종자를 덮어

주는 것이다. 이 과정에서 흙을 일구어 이랑을 만들고, 종자는 이랑에서 발아 생장하는 것으로 추측된다. 흩어 뿌린 뒤 복종 과정에서 이랑이 형성되기 때문에 결과적으로 조파로 볼 수 있을 것이다. 염정섭은 구진전(久陳田)이나 맥근전(麥根田)을 기경하고 치전하여 작묘하는 작업을 거친 상태에서 5월에 벤 풀을 태워 재를 넣어주는 분전(糞田)을 하고 이후에 파종과 복종을 수행하는 것으로 파악했다[염정섭(2002) 앞의 책, 83~84쪽].

264 태우면 재를 확보할 수 있고, 또 잡초를 숙이는 효과도 있기 때문에 김매기에 드는 노동력을 줄일 수 있다는 것이다. 재를 사용하기 때문에 소출이 많다는 의미다.

265 여기의 치전(治田)은 매해 조 농사를 짓는 밭을 가리키는 것이다. 조는 거름을 많이 필요로 하기 때문에 가을갈이를 한 뒤에 겨울을 지나는 것이 좋다는 의미다.

266 지대가 높고 건조한 곳을 선호하는 기장·조와는 반대다. 밭농사의 경우 지대가 높은 곳에는 기장·조를 재배하고 상대적으로 고도가 낮은 지대에는 수수를 심으면 된다.

267 파종하는 방법에 대한 언급이 없다. 기장·조와 비슷한 방식으로 파종했을 것이다. 쟁기질을 해서 두둑을 형성하고 그 위에 수수를 파종한 뒤에 발로 밟으면서 종자를 덮어주는 족종이었을 것이다. 수수의 파종 시기가 2월로 매우 이르다는 점이 주목된다.

268 수수는 키가 크기 때문에 작을 때 김매기를 해주면 되고 그다음에는 잡초보다 수수의 키가 크므로 굳이 잡초를 제거하지 않아도 잡초가 잘 자라지 못한다. 때문에 제초를 여러 번 할 필요가 없다.

269 『성종실록』권6, 成宗 1년 6월 10일(丁巳), 8-509.

270 거서(秬黍)의 경우, 14석을 파종해 264석을 수확한 일이 확인되어 그것의 보급에 노력했다. 거서와 같은 우량 품종이 농민들 사이에서 광범히 보급된 것은 결코 우연한 일이 아니었다. 『금양잡록』에 보이는 기장의 종류는 네 가지이며, 전국 338개 군현 중 기장의 경작지는 무려 290여 군현에 달해 경작 범위로 보아 모든 곡물 중에서 최고의 자리를 차지했다[홍희유(1989), 앞의 논문].

271 김용섭(2000), 앞의 논문. 김용섭은 통계 수치에 관해 다음과 같이 부연 설명했다.

"경기도의 광주·안성의 2군은 5곡 외의 작물명을 잡곡(雜穀)으로만 기록했는데, 여기서는 이것을 경기에서 실제로 재배되고 있던 6종의 작물(당서·속·소두·녹두·교맥·호마)에 그 수를 더하는 것으로서(+2) 파악했다. 단 그렇더라도 그 작물을 모두 재배했겠는지 두세 개씩만 재배했겠는지는 미상이다. 평안도의 인산, 정녕, 삭주, 창성, 벽동, 운상, 박천, 이산, 자성, 우예군 등지에서는 토의항을 전곡(田穀)·잡곡(雜穀)으로만 표현하고 있었으며, 무창군은 토의항을 결하고 있었으나, 이곳은 수전이 없는 곳이었으므로, 그 작물도 전곡·잡곡만이 되겠는데 평안도의 대표적인 전작물은 서·직·속·숙·맥·호마 등등이었으므로(『세종실록지리지』 평안도총론), 이 지방의 토의작물은 이 같은 작물에 위의 11개 군현의 수를 더해서(+11) 파악했다. 이 경우도 그러한 전작물을 모두 재배했겠는지 수 개씩만 재배했겠는지는 미상이다." 이하 작물 재배의 도별 재배 군현 수 및 백분율은 이 설명을 따른다.

272 『세종실록』권21, 世宗 5년 7월 24일(壬寅), 2-550.

273 『세종실록』권27, 世宗 7년 2월 29일(己巳), 2-658.

274 『세종실록』권30, 世宗 7년 12월 19일(甲申), 2-707.

275 『세종실록』권77, 世宗 19년 5월 22일(辛亥), 4-77.

276 『세종실록』권84, 世宗 21년 윤2월 9일(丁亥), 4-190.

277 『세종실록』권53, 世宗 13년 9월 11일(壬申), 3-341.

278 『세종실록』권78, 世宗 19년 7월 13일(辛丑), 4-90.

279 『세종실록』권78, 世宗 19년 7월 23일(辛亥), 4-93.

280 들깨와 기장(또는 조)의 잡종으로 이해하기도 한다[염정섭(2002), 앞의 책, 95~96쪽].

281 실록에서도 청량속(青粱粟)이 언급되고 있다[『태종실록』권30, 太宗 15년 8월 29일(癸巳), 2-84].

282 『성종실록』권19, 成宗 3년 6월 14일(己卯), 8-665.

## 6. 피의 재배법

283 지금은 피농사를 거의 짓지 않는다. 조선 초에는 피를 재배해 식용으로 했기 때문에 피농사를 중시해 기술하고 있다. 『농상집요』에서는 피를 패(稗)로 표기하고 있다(최덕경, 『농상집요 역주』, 세창출판사, 2012, 134쪽 참조).

284 피는 지대가 낮고 물기가 많은 땅을 선호한다. 그렇기 때문에 논에서 피가 잘 자란다. 피는 벼와 비슷한 색과 모양을 하고 있어 구분하기가 쉽지 않다. 그러나 이삭이 팰 때가 되면 벼보다 더 크게 올라와 벼농사에 지장을 준다. 그리고 벼와 함께 타작을 하면 벼와 섞여서 밥상에 오르게 된다. 그렇기 때문에 이전의 논농사에서 피를 제거하는 작업인 '피사리'를 매우 중요하게 여겼다.

285 숙치는 간 땅의 흙 입자를 잘게 부수고 평평하게 해주는 것을 의미한다. 써레질을 함으로써 경지를 숙치하는 것이다. 앞의 기장과 조의 파종법(5장 첫째 문단)에서는 치전, 숙치에 대한 언급이 없는 것과 차이가 있다.

286 파종이 가능한 시점이 3월 상순에서 4월 상순으로 폭이 넓다.

287 기장과 조는 팥을 듬성하게 뿌리고 갈고서 이랑을 만든 뒤 이랑에 씨를 뿌리고 발로 밟아주면서 흙을 덮어주는 것이다. 피도 두둑에 발자국을 내고 씨를 넣은 뒤 발로 덮어주는 방식이었을 것이다. 김용섭은 피는 기본적으로 작묘(作畝) 족종(足種)으로 이해하면서 살척(撒擲)도 가능하다고 보았다[김용섭, 「세종조의 농업기술」, 『세종문화사대계』2, 2000(같은 논문이 『韓國中世農業史硏究』, 지식산업사, 2000에 재수록), 444쪽]. 이호철은 피는 원래 점파(點播)하는 것이지만 살척(撒擲)으로 표현하는 경우는 조파(條播)로 보았다[李鎬澈(1986), 앞의 책, 147쪽]. 민성기는 피는 조파로 보았다[閔成基(1988), 앞의 책, 제4장〈朝鮮前期의 麥作技術考〉, 146쪽].

288 살척(撒擲)은 조파로 봄이 타당할 듯하다. 기장과 조는 하종(下種)으로 표현했는데, 피는 하종도 가능하지만 살척도 가능하다는 것이다.

289 척박한 곳의 농작물 재배에는 분회를 사용하는 것이 일반적이다. 분회가 양질의 거름으로 기능하고 있음을 알려준다. 분회와 피의 종자를 섞어서 뿌렸을 것으로 추정된다. 분회와 종자를 섞어 뿌리면 대개 족종을 했으므로 피도 족종으로 보인다.

290 이하의 내용에서 분회(糞灰)라고 언급하는 경우, 숙분과 오줌재를 함께 지칭한다는 의미다.

291 묘(畝) 부분을 갈아 묘간(畝間)에 뿌려진 잡초를 덮어 그것을 거름으로 삼았을 것이다. 묘 부분이 고랑이 되고, 잡초가 놓인 부분이 묘(이랑)가 되었을 것이다. 묘의 위치가 교대하는 것이다.

292 갈고 씨 뿌리는 지점은 새로 만들어진 이랑으로 보인다. 잡초를 덮은 묘간이 갈이 작업 이후 이랑으로 바뀌고 그 이랑에 파종한 것으로 보인다.

293 피는 기본적으로 잘 자라기 때문에 잡초에 견줘 성장이 뒤지지 않는다.

294 결국 보리·밀의 뒷그루로 피를 재배한다는 것이다. 곧 1년에 2모작하는 것을 의미한다. 통상의 피보다 2~3개월 뒤에 파종하는 것이 된다.

295 주 271)과 같음.

296 피의 재배를 위해서 녹비로 팥을 사용하지 않았을 가능성이 높아 보인다.

## 7. 콩·팥·녹두의 재배법

297 보리·밀 농사 지은 곳을 갈고서 늦콩과 늦팥을 뿌리는 것이다. 보리·밀과 늦콩·늦팥의 2모작이다.

298 흙덩이 입자를 잘게 부숴 너무 곱고 부드럽게 다듬지 말라는 뜻이다. 흙이 지나치게 부드러우면 싹이 왕성해져 오히려 결실이 줄어들기 때문이다[최덕경(2012), 앞의 책, 140쪽]. 갈이 작업을 하지만 정지 작업까지 해서 이랑과 고랑을 만들었다는 표현은 없다. 그러나 갈이 작업이 있기 때문에 이랑·고랑의 구분은 있었을 것으로 보인다. 콩은 당연히 이랑에 파종했을 것이다.

299 과(科)에 씨를 뿌릴 때는 하종(下種)으로 표현하고 있다. 살종(撒種)이나 척종(擲種), 살척(撒擲)으로 표현하지 않는다. 대소두의 하종은 이랑에 작은 구덩이[科, 坎, 坑, 舂穴]를 파고 구멍마다 씨앗 서너 개 또는 네다섯 개씩 넣는 것이며, 이는 과종(科種)이라 부른다. 족종(足種)과 마찬가지로 점종(點種)에 속하는 것이다[宋容燮(1988) 앞의 책, 67쪽].

300 한 구멍에 서너 개 이상으로 많이 뿌리는 경우도 있고, 구멍의 간격을 좁게 해 전체적으로 씨를 많이 뿌리는 경우도 있을 것이다. 여기서는 전자를 가리킬 것이다.

301 비옥한 밭은 종자를 적게 뿌려야 잘 자라고 가지가 많아 열매가 풍부해진다. 반면 척박한 밭은 덜 자라고 가지가 적기 때문에 조밀하게 씨를 뿌려야 한다는 것이다.

302 분회는 숙분과 오줌재를 가리킨다. 분회는 구멍[科]에 콩·팥과 함께 넣었을 것이다.

303 콩과 팥 재배 시 척박한 밭이라면 분회를 써도 되지만 많이 써서는 안 된다는 것이다. 콩과 팥은 척박한 땅에서도 잘 자라는 작물이기 때문이다. 그리고 콩과 팥을 재배하고 나면 그 땅의 토질이 비옥해지는 효과가 있다.

304 콩과 팥의 꽃이 필 때 김매기를 하면 접촉으로 인해 꽃이 떨어질 가능성이 높다. 꽃이 떨어지면 당연히 콩과 팥의 열매가 적어진다.

305 콩과 팥은 잎이 다 떨어진 상태, 즉 충분히 익은 시점에 수확하는 것이다. 잎이 다 떨어지지 않으면 탈곡하기 어렵기 때문이다[최덕경(2012), 앞의 책, 140쪽].

306 콩과 팥을 수확한 후 즉시 갈아놓아야 비옥해진다는 것이다. 콩은 물 소모량이 많아 가을에 갈아엎지 않으면 토양이 매우 건조해지기 때문이다[최덕경(2012), 앞의 책, 140~141쪽].

307 그루갈이에서 파종하는 콩은 늦콩이다. 올콩은 보리와 밀의 수확 전인 3월 중순에서 4월 중순에 심어야 하므로 그루갈이를 할 수 없다.

308 보리와 밀을 수확한 뒤 갈아엎고 그곳에 콩을 심는 것이다. 가는 과정에서 이랑과 고랑이 만들어졌을 것이고, 파종은 이랑에 했을 것이다. 문제는 양맥이 생장한 곳이 이랑과 고랑 어느 곳이냐다. 콩의 파종을 고려하면 양맥의 파종처로 고랑이 불가능하지는 않지만 이랑이 상대적으로 편리했을 것이다.

309 올콩과 올팥을 심을 때는 구멍에 서너 개 넣었는데, 늦콩을 재배하는 경우 구멍에 네다섯 개를 넣어준다는 것이다. 콩의 수를 하나 늘려주는 것이다. 척박한 경우, 종자를 조밀하게 뿌린다는 앞의 글(7장 첫째 문단)과 맥락이 이어진다.

310 근경하는 팥은 만종(晩種)이다.

311 보리·밀을 베어내고 남은 뿌리 부분을 가리킨다. 이때 양맥을 이랑에서 재배했

는가 아니면 고랑에서 재배했는가의 문제가 있다. 두 가지 모두 가능하지만 팥의 파종과 복종을 고려하면 고랑[畝]에 재배하는 것이 편리했을 것이다.

312 뿌리 부분에 뿌리는 것으로 보아 조파(줄뿌리기)로 이해된다. 민성기는 근경 소두(根耕小豆)는 조파법(條播法)으로 이해했고[閔成基(1988), 앞의 책, 제4장 〈朝鮮前期의 麥作技術考〉], 이호철도 역시 조파로 보았다[李鎬澈(1986), 앞의 책, 147쪽].

313 보리와 밀을 베어낸 뒤 그 위에 팥을 뿌린 다음 갈아서 뿌린 팥을 덮어주는 것이다. 뿌린 팥이 흙 속에 들어가 발아해 나오는 것이다. 결국 팥은 씨를 먼저 뿌리고 갈아 복종(覆種)하는 것이고, 콩은 간 뒤에 씨를 뿌리는 것이다. 팥의 농작업을 고려하면 양맥이 고랑에서 성장해야 편리하다. 물론 이랑에서 생장해도 불가능한 것은 아니다. 파종 후에는 어느 경우든 팥은 이랑에서 생장하게 된다.

314 밭이 적은 자[田少者]가 하고 있다는 단서를 근거로, 간종법(間種法)이 『농사직설』 편찬 당시에는 일반적으로 널리 행해지는 재배법이 아니었을 것으로 보기도 한다 [金容燮(2007), 앞의 책, 179쪽].

315 이랑 사이에는 보리(혹은 밀)가 자라고 있지 않다. 결국 보리와 밀은 이랑에서 자라고 있는 것이다. 여기에서 미루어보면, 보리와 밀은 농종법(壟種法)을 택한 것으로 보인다. 이러한 간종법을 행하려면 묘와 묘 사이, 즉 묘간(畝間)의 넓은 공간이 전제되어야 한다. 이 묘간을 후대적인 견(畎)이 아니라 '식토이대간(息土而代墾)'하기 위하여 휴경(休耕) 상태로 남겨두고 있는 공간으로 보기도 한다[金容燮(2007), 앞의 책, 146쪽, 180~182쪽, 188~192쪽].

316 여기의 천경(淺耕)은 파종을 위해 골을 타는 것을 가리킨다고 여겨진다. 이러한 갈이 작업에는 소를 사용하는 것보다는 괭이를 사용하는 것이 편리했을 것이다. 극젱이를 소에게 끌도록 하는 것도 무방할 것이다. 이 부분의 해석을 둘러싸고 논란이 많다. 김용섭은 맥의 농종법을 전제하고서, 맥이 묘상(畝上)에 자라고 있는데 그 묘(畝)와 묘 사이를 천경(淺耕)하고서 두(豆)나 서(黍)·속(粟)을 파종한다고 해석했다. 묘간의 식토(息土)를 묘상(畝狀)으로 치전하고, 그 묘상(壟)에 콩과 조를 파종한 것으로 보았다[김용섭(2007), 앞의 책, 146쪽]. 미야지마 히로시는 간종법(間種法)에서는 후작물은 묘간(畝間, 畝溝)에 파종되고, 전작물(前作物)

수확 후의 복토(覆土)·토기(土寄) 등에 의해서 전작물이 재배된 묘(畝)가 소멸된 뒤 후작물의 새로운 묘가 형성되었다고 보았다[宮嶋博史(1980), 앞의 논문]. 민성기는 '淺耕兩畝 間種以豆'라고 읽어, 양묘(兩畝)는 양농(兩壟)이 되고 맥은 견종(畎種)되었다고 보았다[閔成基(1988), 앞의 책, 153~157쪽]. 이호철은 '淺耕兩畝 間 種以大豆'로 띄어 읽어 맥은 농종(壟種)되어 있고, 대두와 속은 견종(畎種)되었으며, '大豆田 間種秋麥'의 경우 대두는 농종되어 있고 추맥은 견종되었다고 보았다[李鎬澈(1986), 앞의 책, 132쪽].

317 콩도 과종(科種)도 가능하고 조파도 가능한데, 경(耕)하고서 파종하므로 조파의 가능성이 커 보인다. 양맥이 이랑[壟]에서 생장해야 사이짓기가 용이하다. 콩을 고랑[畎]에 파종하고 양맥을 수확한 뒤 양맥이 생장한 이랑 부분을 갈아 고랑의 콩을 복토하는 것이다. 콩은 갈이 작업을 한 뒤에 이랑 부분에서 생장했을 것이다.

318 콩을 수확하지 않은 상태에서 콩이 자라지 않는 묘 사이를 얕게 갈아서 그곳에 보리·밀을 뿌리고, 콩을 수확한 뒤에 콩이 자란 묘를 갈아서 보리·밀의 뿌리를 덮어준다는 의미다. 보리와 밀이 자라는 곳은 묘(畝, 壟, 이랑)가 될 것이다. 결국 양맥의 파종법은 농종이 된다.

319 보리밭 사이에 조를 파종하는 것이다. 보리는 가을에 뿌려 봄에 수확하는데 그 밭에서 조를 뿌리는 경우도 마찬가지라는 것이다. 보리가 자라지 않는 무간(畝間)을 얕게 갈아서 조의 종자를 뿌리고 보리·밀을 추수한 뒤에 갈아서 조의 뿌리를 덮어준다는 것이다.

320 모두 사이짓기한다는 것이다. 수확하기 전에 무간에 씨를 뿌린 뒤 수확한 작물의 밑동 부분을 갈아서 씨를 덮어준다는 것이다. 이러한 사이짓기를 통해 1년에 두 번 농사짓는 것이 가능하다. 뒷작물을 일찍 파종하기 때문에, 그만큼 생장하는 시간을 늘릴 수 있다. 서리가 내리기 전에 수확하려면 일찍 파종해야 하고[양맥전(兩麥田)에 콩과 조의 사이짓기], 서리 내리기 전에 파종해야 하기 때문이다(콩밭에 가을보리 사이짓기). 김용섭은 간종법(間種法)을 세역전(歲易田, 休閑田) 상경화의 한 방법으로 보고서, 식토대경(息土代耕)하던 전묘(田畝) 제도를 그대로 살리면서 작물을 상경으로 재배하는 농법으로 해석하고 간종법을 활용함

으로써 세역(歲易) 농법이 실질적으로 극복된 것이라고 해석했다[金容燮(1988), 앞의 책, 68~69쪽]. 결국 농지를 필지 단위로 세역하는 것이 아니라 동일 경지 내에서 파종처를 해마다 달리함으로써 세역을 극복해갔다는 논리다. 경지는 전체적으로 상경화하지만 경지 내에서는 파종처를 해마다 바꾼다는 의미다.

321 콩과 팥이 자라고 있을 때 소를 부려 갈아준다는 의미다. 소가 갈이 작업을 하려면 묘간이 넓어야 할 듯하다. 좁으면 소가 다닐 때 콩을 상하게 할 수 있다.

322 기장밭과 조밭의 경우, 입에 망을 씌운 소를 사용해 양 묘간을 갈아줘 잡초를 제거하고 작물에 북을 주었다(5장 첫째 문단).

323 녹두는 척박한 땅에서 잘 자라는 작물이다.

324 잘 자라기 때문에 드물게 뿌려야 한다는 것이다. 파종 방법은 콩·팥과 동일했기 때문에 기술하지 않은 것 같다. 따라서 농종·점파의 가능성이 높다. 민성기는 녹두(菉豆)는 산파(散播)로 이해했으며[閔成基(1988), 앞의 책, 146쪽], 이호철도 산파(散播)로 보았다[李鎬澈(1986), 앞의 책, 147쪽].

325 녹두는 잡초와 비교해서 잘 자라기 때문에 여러 번 호미질할 필요가 없다는 것이다. 잡초보다 잘 자라거나 키가 크면 김매기 작업을 많이 할 필요가 없다.

326 『중종실록』권78, 中宗 29년 9월 18일(辛巳), 17-534.

327 『세종실록』권77, 世宗 19년 6월 13일(辛未), 4-81.

328 〈표〉 콩·팥·녹두의 표기

| 콩의 종류 구분 | 전거 | 비고 |
|---|---|---|
| 大豆·小豆·菉豆 | 『세종실록』권148, 地理志 京畿, 5-614 ; 『세종실록』권152, 地理志 黃海道, 5-668 | |
| 大豆·赤小豆·菉豆 | 『세종실록』권149, 地理志 忠淸道, 5-624 | |
| 黃豆·小豆·菉豆 | 『세종실록』권151, 地理志 全羅道, 5-654 | |
| 小豆·萩·菉豆 | 『세종실록』권152, 地理志 黃海道 海州牧 甕津縣, 5-671 | |
| 黃豆·菉豆·赤小豆 | 『세종실록』권153, 地理志 江原道, 5-675 | |

329 『금양잡록』에 太 8품종, 小豆 7품종, 菉豆 2품종, 東背 1품종, 光將豆 1품종, 豌豆 1품종이 보인다.

330 『세종실록』권111, 世宗 28년 1월 23일(辛卯), 4-652.

331 『세종실록』권111, 世宗 28년 2월 26일(甲子), 4-656.

332 『태종실록』권22, 太宗 11년 11월 25일(壬午), 1-611.

333 『태종실록』권28, 太宗 14년 7월 8일(己卯), 2-26.

334 주 271)과 같음.

335 『태종실록』권30, 太宗 15년 10월 16일(庚辰), 2-87.

336 『성종실록』권7, 成宗 1년 9월 27일(壬寅), 8-534.

337 『성종실록』권19, 成宗 3년 6월 14일(己卯), 8-665.

## 8. 보리와 밀의 재배법

338 구곡이 떨어지고 신곡이 아직 나오지 않은 그 사이에 소용되는 식량이라는 의미이다[權振肅(1988), 앞의 논문, 172~173쪽].

339 가을에 추수한 곡식은 양력 4~5월이 되면 떨어지는 수가 많다. 가을에 새 곡식이 나올 때까지 몇 달 동안은 먹을 것이 크게 부족하다. 그렇기 때문에 보리와 밀은 먹을 것을 이어주는 매우 중요한 작물이다.

340 찬 이슬이 내려 추수를 시작하는 절기다. 대개 양력 9월 8일에서 23일(추분) 전까지다.

341 보리와 밀을 너무 일찍 뿌리는 것이 좋지 않다는 것이다. 일찍 뿌리면 당연히 겨울이 오기 전에 많이 자라 벌레가 나기 쉬우며 마디가 생기기 쉽다.

342 파종하는 시점에 갈아서 고랑과 이랑을 만들었을 것이다.

343 고랑에 파종하면 견종법이 되고, 이랑에 파종하면 농종법이 된다. 견해의 차이가 큰 사항이다.

344 소흘라배(所訖羅背)는 써레에서 살[齒]이 없거나 제거된 농구로 등써레이며, 한전의 복종용 목작배는 수전용의 써레보다 훨씬 작았을 것으로 보인다[金容燮(2007), 앞의 책, 249쪽]. 혹은 목작배는 써렛발이 하늘로 향하도록 뒤집어놓고 사용하는 경우를 가리킬 수도 있을 것이다.

345 쇠스랑이나 등써레로 복종하는 것을 고려하면 조파로 추정된다. 김용섭은 대
　　소맥(大小麥)의 하종(下種)은 서속(黍粟)이나 대소두(大小豆)의 그것과 마찬가지
　　로 묘상(畝上)에 호미나 괭이로 구덩이[科]를 파고 하종하는 것 즉 과종(科種)으
　　로 보았다[金容燮(2007), 앞의 책, 148~150쪽, 183~185쪽]. 즉 점종·농종으로
　　이해했다. 민성기는 조선 전기 고전(高田) 작물인 속(粟) 등은 농종(壟種)이었으
　　나 하전(下田) 작물인 대소맥은 견종(畎種)이었다고 보았다. 즉 맥(麥)의 견종법은
　　『농사직설』 이래의 변함없는 전통농법이었다고 주장했다[閔成基(1988), 앞의 책,
　　제4장 〈朝鮮前期의 麥作技術考〉]. 이호철 역시 맥파종은 견 즉 묘간에 행했으며,
　　조파로 이해했다[李鎬澈(1986), 앞의 책, 120~124쪽, 147쪽]. 미야지마 히로시
　　는 맥은 묘간 파종으로 보아 기본은 견종이되 근경(根耕)·간종(間種)을 하는 경
　　우 농종(壟種)으로 보고 있다[宮嶋博史(1980), 앞의 논문].
346 겨울을 거치기 때문에 잡초가 적다. 또 봄철에는 잡초보다 보리·밀이 먼저 생장
　　했으므로 키가 커서 잡초보다 우위에 있다.
347 보리와 밀을 심은 뒤 수확하고 다시 동일 포장(圃場)에 보리와 밀 농사를 짓는
　　경우(보리와 밀을 1년1작으로 재배하는 것)를 가리킨다. 바로 위에 언급한 일반
　　밭(전해 가을에 수확한 뒤 봄에 다른 작물을 파종하지 않고 두었다가 가을에 양
　　맥을 재배하는 경우)에서 하는 것처럼 갈고 햇볕 쬐이고 써레로 다듬어주고 하
　　종할 때 다시 갈아주고 하는 등등의 작업을 동일하게 한다는 의미다.
348 보리와 밀의 종자를 재로 덮인 경지 위에 뿌리고 나서 갈아준다는 의미다. 그렇
　　게 하면 재와 보리와 밀의 종자가 흙 밑으로 들어가게 된다. 재를 거름으로 해서
　　보리와 밀이 발아하는 것이다. 이 경우 보리·밀은 이랑[壟, 畝]에서 성장하는 것
　　으로 보는 것이 합리적이다. 결국 농종·조파로 판단된다.
349 풀을 많이 깔아주기 때문에 태우면 재가 다량 생겨 거름이 풍부해진다.
350 숙분과 요회를 가리킨다.
351 콩과 팥을 재배하는 밭에 거름 주는 것과 동일한 방법으로 거름을 준다는 의
　　미다. 척박한 밭에 콩과 팥을 재배하는 경우, 분회(糞灰, 숙분과 오줌재)를 사용
　　하되 적게 해야 하고 많게 해서는 안 된다고 했다.
352 간 뒤에 씨를 뿌리는 방법을 말한다. 밭을 갈면 고랑과 이랑이 만들어진다. 이랑

파종(농종법)과 고랑 파종(견종법)으로 견해가 나뉜다.

353 가는 버드나무 가지를 외양간에 넣어주면 소와 말이 밟아주고 또 배설물과 섞이게 된다. 버드나무 가지와 우마의 배설물이 섞인 것이 보리와 밀 농사에 매우 유익하다는 것이다.

354 이 거름을 어느 시점에 내는 것인지 명확하지 않다. 파종 직전 갈이 작업할 때 시비한 것으로 추정된다. 김용섭은 이 거름을 파종할 때 양맥과 섞거나 하종(下種)한 뒤 한 줌씩 덮어주었을 것으로 풀이했다[金容燮(2007), 앞의 책, 185쪽, 219쪽].

355 농가의 빈난 마당으로 보리와 밀을 즉시 옮긴다는 것이다. 보리와 밀은 일정한 양을 묶어 단을 만들어서 이동했을 것이다.

356 마당에서 도리깨를 사용해 보리와 밀을 타작했을 것이다.

357 보리·밀 타작을 하는 절기에는 비가 오는 일이 많기 때문에 신속하게 말려 타작하는 일이 중요하다는 의미다. 『농상집요』에서는 맥의 수확이 조금이라도 늦어지면 곧 장마가 닥쳐 농가가 엄청난 손실을 입으며, 또 그 작업 시간을 너무 많이 사용하면 가을 곡식의 김매기를 어렵게 한다고 언급했다[최덕경(2012), 앞의 책, 118쪽].

358 베고 운반하고 말리고 타작하는 것을 함께 일컫는 것으로 보인다.

359 재해로 인한 손상이라는 뜻이다. 익었음에도 늦게 베는 것, 베어낸 뒤 제대로 말리지 않는 것, 말린 뒤에 천천히 타작하는 것 모두 충실한 수확에 지장이 된다는 의미다.

360 2월이 다 가기 전에 봄보리 갈이를 마쳐야 한다는 의미로 읽힌다[權振肅(1988), 앞의 논문, 173쪽].

361 가을에 심는 보리와 밀을 뜻한다.

362 이호철은 춘모는 조파되는 것으로 보았다[李鎬澈(1986), 앞의 책, 147쪽].

363 『농가집성』에는 이 부분에 "熟治 密作小畝 畝間和糞灰撒種 布熟糞"의 내용이 추가되어 있다. 즉 잘 다스리고 작은 이랑을 조밀하게 만들어 묘간에 분회와 섞어 살종하고 숙분을 펴준다는 내용이 추가된 것이다. 견에 양맥을 파종하는 것을 분명하게 설명하고 있는 것이다. 김용섭은 새롭게 추가된 기사로 보고 전기의 농종법에서 후기에 견종법으로 변화했다고 이해하고 있다[金容燮(2007), 앞의 책,

156~157쪽, 197~201쪽]. 민성기는 본문에서 생략된 작묘와 파종법을 구체화하기 위해 삽입한 것으로 전기의 맥 재배법을 말하는 것이라고 해석했다[閔成基 (1988), 앞의 책, 제4장 〈朝鮮前期의 麥作技術考〉]. 염정섭은 추가 구절은 원래의 『농사직설』에서도 필요한 구절인데 누락되어 있던 것이고, 따라서 뒷 시기의 기술체계를 보여주는 것이 아니며, 결국 조선 전기에도 견종법이었다고 보았다 [염정섭(2002), 앞의 책, 105~108쪽].

364 '用糞 又如大小豆法' 이 구절은 『농가집성』에서는 선조조 내사본을 따르지 않고 세종조 『농사직설』 원본의 기술을 따라 '用糞灰 如大小豆法'로 표기했다. 여기에서는 후자에 따라 해석했다[김용섭(2007), 앞의 책, 178~179쪽 참조].

365 휴립광산파(畦立廣散播)는 두둑(이랑)을 넓게 하고, 산파하는 것이며, 두둑 사이에 좁은 도랑(고랑)을 만들어 배수를 돕는다. 이와 달리 휴립세조파(畦立細條播)는 두둑을 세우고, 이랑 내에 작은 골을 여럿 만들어 그 골에 줄 뿌리는 것이다.

366 『세종실록』권28, 世宗 7년 5월 29일(戊戌), 2-671.

367 『세종실록』권48, 世宗 12년 6월 2일(辛未), 3-240.

368 『세종실록』권72, 世宗 18년 4월 17일(癸丑), 3-671 ; 『세종실록』권72, 世宗 18년 4월 25일(辛酉), 3-672 ; 『세종실록』권89, 世宗 22년 4월 15일(丙戌), 4-280 ; 『세종실록』권89, 世宗 22년 5월 12일(癸丑), 4-287 ; 『세종실록』권112, 世宗 28년 4월 30일(丁卯), 4-667.

369 『세종실록』권28, 世宗 7년 4월 16일(乙丑), 2-666 ; 『세종실록』권28, 世宗 7년 5월 2일(辛未), 2-667 ; 『세종실록』권48, 世宗 12년 5월 4일(癸卯), 3-235 ; 『세종실록』권72, 世宗 18년 5월 19일(甲申), 3-677.

370 『성종실록』권92, 成宗 9년 5월 27일(戊子), 9-608 ; 『연산군일기』권29, 燕山君 4년 1월 27일(癸亥), 13-304 ; 『연산군일기』권29, 燕山君 4년 2월 1일(丁卯), 13-304.

371 『세종실록』권87, 世宗 21년 11월 18일(壬戌), 4-253 ; 『단종실록』권2, 端宗 즉위년 7월 25일(丙辰), 6-521.

372 『중종실록』권13, 中宗 6년 5월 9일(戊午), 14-514.

373 『중종실록』권27, 中宗 12년 3월 6일(辛巳), 15-263 ; 『중종실록』권33, 中宗 13년 5월 27일(乙丑), 15-445.

374 고랑에 재배하더라도 봄에 비가 올 것에 대비해, 이랑에 골을 타서 배수를 유도
　　한다. 이 경우 양맥이 자라고 있는 고랑 부분이 이랑 부분보다 상대적으로 높아
　　져 수확할 무렵에는 외견상 이랑에서 자란 것으로 보이는 수도 있다(충북 농업
　　기술원 양맥 재배 참조).

375 『연산군일기』권44, 燕山君 8년 6월 9일(己酉), 13-496.

376 『세종실록지리지』의 토의조(土宜條)에는 소맥과 대맥의 구분이 없다. 당시 소맥
　　보다는 대맥의 재배가 활발했으므로 맥으로 표현한 경우, 대체로 대맥을 가리키
　　는 것으로 보인다. 보리와 밀을 구분하는 경우, 맥은 밀을, 모는 보리를 칭하고
　　있다. 그렇지만 대표성을 갖는 의미로 맥을 사용한 경우는 보리를 지칭하는 것
　　이다.

377 주 271)과 같음.

378 『세종실록』권68, 世宗 17년 6월 8일(戊申), 3-633.

379 『세종실록』권69, 世宗 17년 7월 24일(癸巳), 3-643.

380 『세조실록』권4, 世祖 2년 5월 12일(庚辰), 7-132.

381 『성종실록』권290, 成宗 25년 5월 9일(丙申), 12-527.

382 『성종실록』권290, 成宗 25년 5월 10일(丁酉), 12-528.

383 『성종실록』권128, 成宗 12년 4월 10일(甲寅), 10-203.

384 『세종실록』권39, 世宗 10년 3월 6일(戊子), 3-119.

385 『세종실록』권77, 世宗 19년 4월 20일(己卯), 4-68.

386 『태종실록』권17, 太宗 9년 윤4월 22일(甲子), 1-486.

387 『세종실록』권3, 世宗 1년 4월 13일(丁亥), 2-311.

388 『세종실록』권4, 世宗 1년 6월 11일(甲申), 2-321.

389 『세종실록』권11, 世宗 3년 4월 27일(己未), 2-430.

390 『세종실록』권77, 世宗 19년 5월 8일(丁酉), 4-71.

391 『세종실록』권77, 世宗 19년 5월 11일(庚子), 4-71.

392 『세종실록』권86, 世宗 21년 7월 16일(壬戌), 4-226.

393 『문종실록』권3, 文宗 즉위년 8월 25일(丙申), 6-275.

394 『중종실록』권17, 中宗 7년 10월 30일(庚午), 14-621.

395 『세종실록』권38, 世宗 9년 12월 15일(戊辰), 3-104.

396 『중종실록』권93, 中宗 35년 5월 12일(癸卯), 18-387.

397 『성종실록』권6, 成宗 1년 6월 10일(丁巳), 8-509.

398 『성종실록』권238, 成宗 21년 3월 21일(癸酉), 11-580.

399 『문종실록』권4, 文宗 즉위년 10월 10일(庚辰), 6-303.

400 『문종실록』권10, 文宗 1년 10월 10일(乙亥), 6-445.

401 『태종실록』권30, 太宗 15년 10월 16일(庚辰), 2-87.

402 『성종실록』권238, 成宗 21년 3월 21일(癸酉), 11-580.

403 『중종실록』권60, 中宗 23년 2월 18일(庚申), 16-633.

404 『중종실록』권76, 中宗 29년 2월 24일(辛卯), 17-500.

405 『세종실록』권107, 世宗 27년 1월 22일(丙申), 4-605.

406 『세종실록』권107, 世宗 27년 2월 8일(壬子), 4-606.

407 『세종실록』권119, 世宗 30년 1월 13일(庚子), 5-48.

408 『세종실록』권119, 世宗 30년 1월 14일(辛丑), 5-48.

409 『세종실록』권119, 世宗 30년 1월 16일(癸卯), 5-49.

410 『세종실록』권119, 世宗 30년 1월 22일(己酉), 5-50.

411 양맥을 수확한 후 그루갈이해 다른 작물을 재배해 가을에 수확하고 이듬해 봄과 여름에 다른 작물을 파종하지 않고 가을에 양맥을 파종하는 방식이었을 것이다.


## 9. 참깨의 재배법

412 『농상집요』에서는 참깨에 흰 참깨[白胡麻]와 8모 참깨[八稜胡麻]가 있으며, 흰 참 깨는 기름이 많고, 밥을 지어 먹을 수 있다고 기술했다[최덕경(2012), 앞의 책, 149쪽].

413 흰 땅은 땅 색이 흰 것을 말한다. 『농상집요』에서는 백지(白地)에 심는 것이 좋다고 했다. 최덕경은 백지를 빈 땅(공한지, 휴한지)으로 번역했다[최덕경(2012), 앞의 책, 149쪽].

414 비가 내린 뒤의 습기를 이용하지 않으면 파종해도 싹이 나오지 않는다. 『농상집요』에서는 만약 물기가 있을 때를 틈타 심지 않으면, 종자가 말라 싹이 트지 않는다고 기술했다[최덕경(2012), 앞의 책, 149~150쪽].

415 땅을 갈기 때문에 고랑과 이랑이 만들어졌을 것이며, 이랑에 파종한 것으로 봄이 합리적이다. 참깨 파종 방법에 대해 민성기는 산파(散播)로 이해하고 있으며[閔成基(1988), 앞의 책, 제4장 〈朝鮮前期의 麥作技術考〉], 이호철은 조파(條播)로 보았다[李鎬澈(1986), 앞의 책, 147쪽].

416 고무래와 곰방메토 이해가 나뉜다. 흙덩이를 부술 때는 곰방메가, 종지를 흙으로 덮을 때는 고무래가 적합하다. 김용섭·염정섭은 곰방메로 보았으며[金容燮(1988), 앞의 책, 61쪽 ; 염정섭(2002), 앞의 책, 139쪽], 권진숙은 고무래로 보았다[權振肅(1988), 앞의 논문, 173쪽].

417 깨를 싸고 있는 겉껍데기가 벌어지는 것을 가리킨다.

418 네다섯 차례 이 작업을 반복하면 열매를 모두 취할 수 있다.

419 숙전은 묵히지 않고 매해 농사지을 수 있는 토지를 가리킨다(연세대 국학연구원편, 『한국토지용어사전』, 2016, 588쪽).

420 숙전과 맥근전에서 경지와 치진, 파종·복토는 어떻게 하는 것인지 언급이 없다. 이호철은 맥근전에서 호마의 재배법은 산파(散播)로 보았다[李鎬澈(1986), 앞의 책, 147쪽]. 종자를 분회와 섞어 파종하는 경우 점파가 일반적이었을 것이다(4장 넷째 문단, 7장 첫째 문단 참조).

421 섞은 종자를 고루 던져 뿌리는 것이다. 이랑에 조파(條播)하고 뇌목(檑木)으로 복토했을 것이다.

422 들깨[油麻]의 재배법은 과종(科種), 즉 점파다.

423 가지가 뻗지 못함을 뜻한다.

424 하나의 구멍에는 들깨 몇 개를 뿌려주는가에 대해 언급하고 있지 않다. 결국 1척을 띄우지 않고 가까이 심으면 들깨가 서로 닿아서 가지를 많이 칠 수 없으며, 따라서 열매가 적을 수밖에 없다.

425 『세종실록』권148, 地理志, 京畿, 5-614 ;『세종실록』권149, 地理志, 忠淸道, 5-624 ; 『세종실록』권154, 地理志, 平安道, 5-682.

426 『세종실록』권19, 世宗 5년 2월 1일(壬子), 2-524.

427 『세종실록』권148, 地理志, 京畿, 5-614 ; 『세종실록』권149, 地理志, 忠淸道, 5-624 ;
『세종실록』권154, 地理志, 平安道, 5-682.

428 『세종실록』권148, 地理志, 京畿, 5-614.

429 주 271)과 같음.

430 『세종실록』권112, 世宗 28년 4월 15일(壬子), 4-666 ; 『문종실록』권8, 文宗 1년
6월 15일(壬午), 6-401.

## 10. 메밀의 재배법

431 메밀은 한재(旱災)로 인하여 수전(水田)이 적기를 잃었을 때 대용작물로서도 중
요한 의의를 가지고 있었다. 메밀에 대한 농민들의 관심은 높았으며 황해도가
그 명산지의 하나로 알려져 있었다[홍희유(1989), 앞의 논문].

432 시들고 썩게 한다는 뜻이다.

433 결국 모두 세 차례 갈아준다. 『농상집요』에서는 5월에 갈고 25일이 지나 잡초가
썩어 문드러진 후에 다시 한번 갈며, 파종할 때 한 번 더 갈아 모두 세 차례 갈
이 작업을 하며, 파종은 입추를 전후하여 10일 이내에 한다고 기술했다[최덕경
(2012), 앞의 책, 147쪽].

434 분회에 섞은 메밀 종자를 파종하는 방법에 대한 언급이 없다. 거름과 종자를 섞어
파종하는 경우 대개 점파였을 것으로 추정된다. 그리고 치전(治田)과 작묘(作畝)
에 대한 언급도 없다. 메밀의 파종법에 대해 민성기는 산파(散播)로 이해하고 있
으며[閔成基(1988), 앞의 책, 제4장 〈朝鮮前期의 麥作技術考〉], 반면 이호철은 조
파(條播)로 보았다[李鎬澈(1986), 앞의 책, 147쪽]. 김용섭은 족종했을 것으로 추
정했다[金容燮(1988), 앞의 책, 68쪽].

435 지종법(漬種法)은 종자를 담그는 법으로 대개 물이나 우마 오줌에 담가 소독과
시비를 하는 것인데, 여기서는 메밀 종자에 거름을 묻히는 것을 뜻한다.

436 결국 거름이 많아야 한다는 것이다.

228

437 추운 곳은 입추 전후를 따지지 말고 일찍 갈아준다는 것이다.

438 불을 놓아서 태우고 간다는 뜻이다.

439 불을 지르고 갈아준 다음 만들어진 이랑에 종자를 뿌리는 것을 말한다. 화경 한 뒤 살종하는 경우, 조파를 하고 쇠스랑으로 복토했을 것이다(5장 둘째 문단 참조).

440 재에 버무리는 법으로 해석했다[金榮鎭(1984), 앞의 책, 64쪽].

441 주 271)과 같음.

442 『태종실록』권27, 太宗 14년 5월 14일(丙戌), 2-17.

443 『성종실록』권19, 成宗 3년 6월 15일(庚辰), 8-666.

444 『성종실록』권129, 成宗 12년 5월 19일(癸巳), 10-216.

445 『태종실록』권9, 太宗 5년 5월 24일(戊午), 1-327.

446 『태종실록』권31, 太宗 16년 6월 14일(甲戌), 2-122.

447 『세종실록』권77, 世宗 19년 5월 13일(壬寅), 4-72.

448 『세종실록』권108, 世宗 27년 5월 16일(己丑), 4-620.

449 『성종실록』권6, 成宗 1년 6월 9일(丙辰), 8-508.

450 『태종실록』권4, 太宗 2년 8월 8일(己木), 1-244.

451 『태종실록』권12, 太宗 6년 8월 13일(己亥), 1-370.

452 『세종실록』권61, 世宗 15년 윤8월 14일(甲子), 3-506.

| 참고문헌 |

저서

金光彥,『韓國農器具攷』, 백산자료원, 1986.

金榮鎭,『朝鮮時代前期農書』, 韓國農村經濟研究院, 1984.

金容燮,『朝鮮後期農學史研究』, 一潮閣, 1988.

_____,『증보판 朝鮮後期 農業史研究』II, 지식산업사, 1990.

_____,『韓國中世農業史研究』, 지식산업사, 2000.

_____,『신정 증보판 朝鮮後期 農學史研究』, 지식산업사, 2009.

金泰永,『朝鮮前期土地制度史研究』, 지식산업사, 1983.

閔成基,『朝鮮農業史研究』, 一潮閣, 1988.

박호석·안승모,『한국의 농기구』, 語文閣, 2001.

廉定燮,『조선시대 농법발달 연구』, 태학사, 2002.

李景植,『朝鮮前期土地制度研究』II, 지식산업사, 1998.

李春寧,『韓國農學史』, 민음사, 1989.

이태진, 『朝鮮儒教社會論』, 지식산업사, 1984.

_____, 『韓國社會史研究』, 지식산업사, 1986.

_____, 『의술과 인구 그리고 농업기술』, 태학사, 2002.

李鎬澈, 『朝鮮前期農業經濟史』, 한길사, 1986.

최덕경, 『농상집요역주』, 세창출판사, 2012.

崔德卿 외, 『麗·元代의 農政과 農桑輯要』, 도서출판 동강, 2017.


## 논문


권영국, 「고려시대 農業生産力 연구사 검토」, 《史學研究》58·59합집, 1999.

權振肅, 「農事直說—解題 및 國譯—」, 『韓國의 農耕文化』2, 경기대박물관, 1988.

金相泰, 「《農事直說》과 15세기 水田농업의 실태」, 《仁荷史學》7, 1999.

_____, 「《農事直說》과 朝鮮初期의 農業實態」, 仁荷大 博士學位論文, 2000.

_____, 「조선 전기의 수리시설과 벼농사」, 《국사관논총》106, 2005.

_____, 「《農事直說》의 편찬과 보급에 대한 재검토」, 《한국민족문화》36, 부산대, 2010.

김성우, 「15·16세기 水田農法의 발달과 慶尙道의 위상」, 《大丘史學》89, 2007.

김영진, 「12세기 이후 한국농서의 형성 및 편찬유형에 관한 종합적 연구」, 《농촌경제》
    12-2, 1989.

김영진·홍은미, 「15세기 한국농학의 환경인식과 농서편찬」, 《농업사연구》4-1, 2005.

김재홍, 「中·近世 農具의 종합적 분석」, 《중앙고고연구》10, 2012.

문중양, 「세종대 과학기술의 '자주성', 다시 보기」, 《역사학보》189, 2006.

서정상, 「《農事直說》의 農法과 老農」, 《泰東古典研究》16, 1999.

송찬섭, 「조선 전기 농업사연구의 동향과 《국사》 교과서의 검토」, 《역사교육》42, 1987.

廉定燮, 「15~16세기 水田農法의 전개」, 《韓國史論》31, 서울대 국사학과, 1994.

_____, 「농업 생산력의 발달」, 『한국역사입문』2(한역연 편), 풀빛, 1995.

_____, 「杏村 李嵒의 《農桑輯要》 도입과 의의」, 『행촌 이암의 생애와 사상』(한영우 외
    공저), 일지사, 2002.

_____, 「14세기 고려 말, 조선 초 농업기술 발달의 추이―水稻 경작법을 중심으로―」, 《농업사연구》6-1, 2007.

_____, 「한국 농서 번역의 현황과 과제」, 《고전번역연구》5, 2014.

吳仁澤, 「朝鮮初期의《農書輯要》刊行에 대하여」, 《역사와 세계》17, 1993.

_____, 「《農書輯要》를 통해서 본 조선 초기의 耕種法」, 《지역과 역사》5, 1999.

魏恩淑, 「《元朝正本農桑輯要》의 농업관과 간행주체의 성격」, 《한국중세사연구》8, 2000.

_____, 「고려시대 민전의 성립과 그 생산력적 배경」, 《민족문하논총》63, 영남대 민족문화연구소, 2016.

李景植, 「高麗前期의 平田과 山田」, 『李元淳教授 華甲紀念 史學論叢』, 교학사, 1986.

李根洙, 「《農事直說》 단계에서의 水田農業」, 《韓國의 農耕文化》3, 경기대박물관, 1991.

이병희, 「조선 전기 琉球國 농업의 이해」, 《동아시아문화연구》71, 한양대 동아시아문화연구소, 2017.

이선아·소순열, 「조선시대 農書의 地域的 刊行의 意義―《農事直說》과《農家集成》을 중심으로―」, 《농업사연구》5-1, 2006.

이세영, 「조선시기 농업사 연구방향 ―최근의 조선시기 사회경제사 연구에 대한 논쟁을 중심으로―」, 《역사와 현실》1, 1989.

이승재, 「《農書輯要》의 吏讀」, 《진단학보》74, 1992.

이영학, 「조선시기 농업 생산력 연구현황」, 『한국중세사회해체기의 제문제』하, 1987.

李宗峯, 「高麗刻本《元朝正本農桑輯要》의 韓國農學史上에서의 위치」, 《釜山史學》21, 1991.

_____, 「고려 시기 수전농법의 발달과 이앙법」, 《한국문화연구》6, 부산대 한국문화연구소, 1993.

_____, 「朝鮮初期 施肥技術의 硏究」, 《지역과 역사》9, 2001.

_____, 「《衿陽雜錄》의 농업기술과 농학」, 《한국민족문화》36, 2010.

李鎬澈, 「《農書輯要》의 農法과 그 歷史的 性格」, 《경제사학》14, 1990.

_____, 「조선 전기 농업기술론의 재검토」, 《역사비평》61, 2002.

_____, 「조선 전기 농법의 전통과 변화」, 《농업사연구》3-1, 2004.

전상운, 「조선 초기 과학기술 서적에 관한 기초 연구」, 《國史館論叢》72, 1996.

홍희유, 「15세기 조선 농업기술에 대한 고찰」, 『북한의 민속학』(주강현 엮음), 역사비
    평사, 1989.


菅野修一, 「李朝初期農業水利의 發展」, 《朝鮮學報》119·120합집, 1986.

宮嶋博史, 「朝鮮農業史上에서의 15세기」, 《朝鮮史叢》3, 1980.

    _____ , 「이조 후기 농서의 연구」, 『봉건사회 해체기의 사회경제구조』, 청아출판사,
    1982.

지은이

## 정초(鄭招, ?~1434)

조선 세종 때의 문신이다. 본관은 하동(河東)이고, 자는 열지(悅之)이며, 정희(鄭熙)의
아들이다. 태종 5년(1405) 문과에 급제하고, 태종 7년 중시에 합격했다. 이조판서·대
제학을 지냈다. 세종 초의 과학 사업에 중요한 소임을 맡아 정인지(鄭麟趾)·정흠지
(鄭欽之)와 함께 『대통통궤(大統通軌)』를 연구하고, 『칠정산내편(七政算內篇)』을 편찬했
으며, 간의대(簡儀臺)를 제작·설치하는 일을 관장했다. 또한 왕명에 의하여 『농사직석
(農事直說)』, 『회례문무악장(會禮文武樂章)』, 『삼강행실도』 등을 편찬했나. 시호는 문경
(文景)이다.


## 변효문(卞孝文, 1396~?)

조선 초의 문신이다. 본관은 초계(草溪)이고, 초명은 변계문(卞季文)이며, 자는 일민(一敏)
이다. 변경(卞卿)의 증손으로, 할아버지는 변빈(卞贇)이고, 아버지는 판윤(判尹) 변남룡
(卞南龍)이며, 어머니는 영문하부사 염제신(廉悌臣)의 딸이다. 태종 14년(1414) 알성 문
과에 을과 3등으로 급제, 내외직을 지낸 뒤 직제학을 거쳐 세종 10년(1428) 봉상시소윤
(奉常寺少尹)을 지냈다. 세종 21년 판내섬시사(判內贍寺事)를 거쳐 그 이듬해 첨지중추원
사가 되었으나, 이전에 회령대후(會寧待候)로 재직 시에 귀화한 여진인들의 의복지급사
건에서 죄를 지은 사실로 의금부·사헌부 등의 탄핵을 받아 세종 23년(1441) 파직되었
다. 세종 25년 첨지중추원사로 복직되어 통신사로 일본에 다녀왔으나, 태종 때의 죄인
이었던 이속(李續)의 손자인 이인휴(李仁畦)를 통신사 수행 시 대동했다는 이유로 탄핵
을 받았다. 세종 26년 『오례의주(五禮儀注)』를 상정(詳定)했다. 정초와 함께 『농사직설』
을 편찬했다.


역해자

## 이병희

1958년 서울 신정동 출생. 서울대 사범대학 역사교육과에서 학부를 이수했으며, 서울
대 국사학과에서 석사 및 박사학위를 받았다. 목포대학교 사학과 교수를 역임했으며,
1998년 이래 한국교원대 역사교육과 교수로 재직하고 있다. 『뿌리깊은 한국사 샘이깊
은 이야기(고려편)』, 『고려후기 사원경제 연구』, 『고려 시기 사원경제 연구』 등의 저서가
있다. 고려 시기 및 조선 초 사원경제에 대해 여러 편의 논문을 발표했다. 사원경제만이
아니라 중세의 농업문제와 생태환경에 대해서도 관심을 갖고 있다.

# 농사직설

## 풍토가 다르면 농법도 다르다

1판 1쇄 펴냄 | 2018년 12월 26일
1판 3쇄 펴냄 | 2021년 4월 26일

저  자 | 정초·변효문
역해자 | 이병희
펴낸이 | 김정호
펴낸곳 | 아카넷

출판등록 2000년 1월 24일(제406-2000-000012호)
10881 경기도 파주시 회동길 445-3 2층
전화 031-955-9510(편집)·031-955-9514(주문) | 팩시밀리 031-955-9519
책임편집 | 김일수
www.acanet.co.kr | www.phildam.net

Printed in Seoul, Korea.

ISBN 978-89-5733-620-5  94080
ISBN 978-89-5733-230-6  (세트)

이 도서의 국립중앙도서관 출판시도서목록(CIP)은
서지정보유통지원시스템 홈페이지(http://seoji.nl.go.kr)와
국가자료공동목록시스템(http://www.nl.go.kr/kolisnet)에서
이용하실 수 있습니다.(CIP제어번호: CIP2018040117)